MW01622611

La Fondation HSBC pour la Photographie, créée en avril 1995 sous l'égide de la Fondation de France, s'est engagée à accompagner de façon durable la génération montante de la photographie. Aussi désigne-t-elle tous les ans deux lauréats, rigoureusement sélectionnés, pour les promouvoir auprès d'un large public.
Ces artistes travaillent sur des représentations du réel, sans exclusive de mode de traitement ou d'approche, de nationalité ou d'âge. Au moment de la sélection, ils n'ont pas encore édité d'ouvrage monographique.
Pour sélectionner ses lauréats, la Fondation HSBC organise chaque année un concours et nomme pour cette occasion un conseiller artistique qui propose au comité exécutif de la Fondation une dizaine de candidats parmi tous les dossiers reçus.
La Fondation soutient ses lauréats en coéditant avec Actes Sud un ouvrage monographique pour chacun d'entre eux, en organisant l'exposition de leurs œuvres en France et à l'étranger et en conseillant HSBC France qui acquiert certaines de leurs images pour enrichir son fonds photographique.
Par son action, la Fondation HSBC pour la Photographie souhaite contribuer à la reconnaissance de nouveaux artistes.
Alain Sayag est le conseiller artistique 2007.

The Fondation HSBC pour la Photographie, created in April 1995 under the aegis of the Fondation de France, is commited to providing ongoing assistance to new generations of photographers. Each year it picks two laureates after a rigorous selection procedure to promote them next to a wide audience.
These artists work on the representation of reality, irrespective of their methods or approach, of any age or nationality. At the time of the selection, they have not yet published a monograph.
To select its laureates, the Fondation HSBC organizes each year a competition and names for this occasion an artistic advisor which submits to the Executive Committee a shortlist of some ten or so candidates among all the application forms.
The Fondation supports its prize-winners by co-publishing with Actes Sud a monograph for each of its laureates, organizing exhibitions of their work in France and abroad, advising HSBC France in order to enrich its photographic collection through the acquisition of some of the winner's photographs.
Through this program, the Fondation HSBC pour la Photographie endeavors to contribute to the recognition of new artists.
Alain Sayag is the 2007 artistic advisor.

CHANTAL NEDJIB

DÉLÉGUÉE GÉNÉRALE DE LA FONDATION HSBC POUR LA PHOTOGRAPHIE
EXECUTIVE DIRECTOR OF THE FONDATION HSBC POUR LA PHOTOGRAPHIE

Fondation HSBC
pour la Photographie

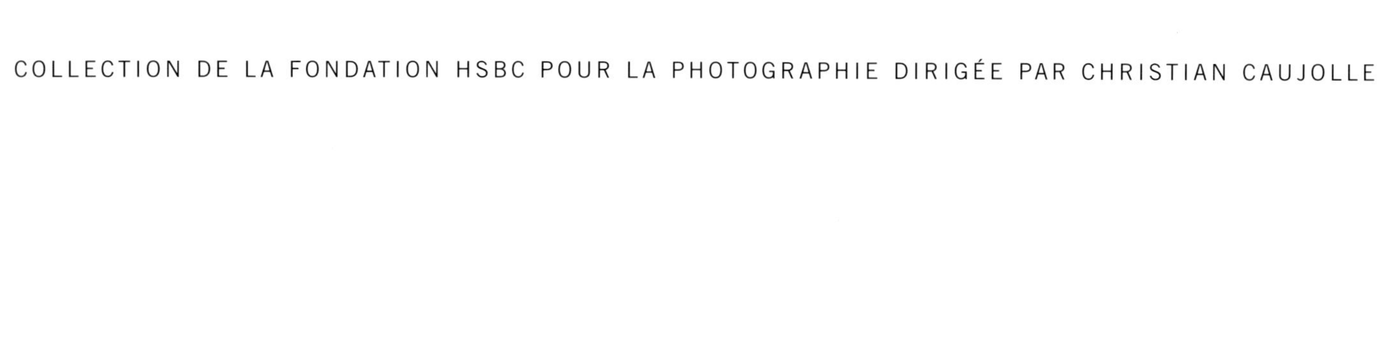

COLLECTION DE LA FONDATION HSBC POUR LA PHOTOGRAPHIE DIRIGÉE PAR CHRISTIAN CAUJOLLE

ISBN 978-2-7427-6833-2

JULIA FULLERTON-BATTEN

TEENAGE STORIES

ACTES SUD | FONDATION HSBC POUR LA PHOTOGRAPHIE

Ce livre est dédié à mes parents, Inse et Robert.

This book is dedicated to my parents, Inse and Robert.

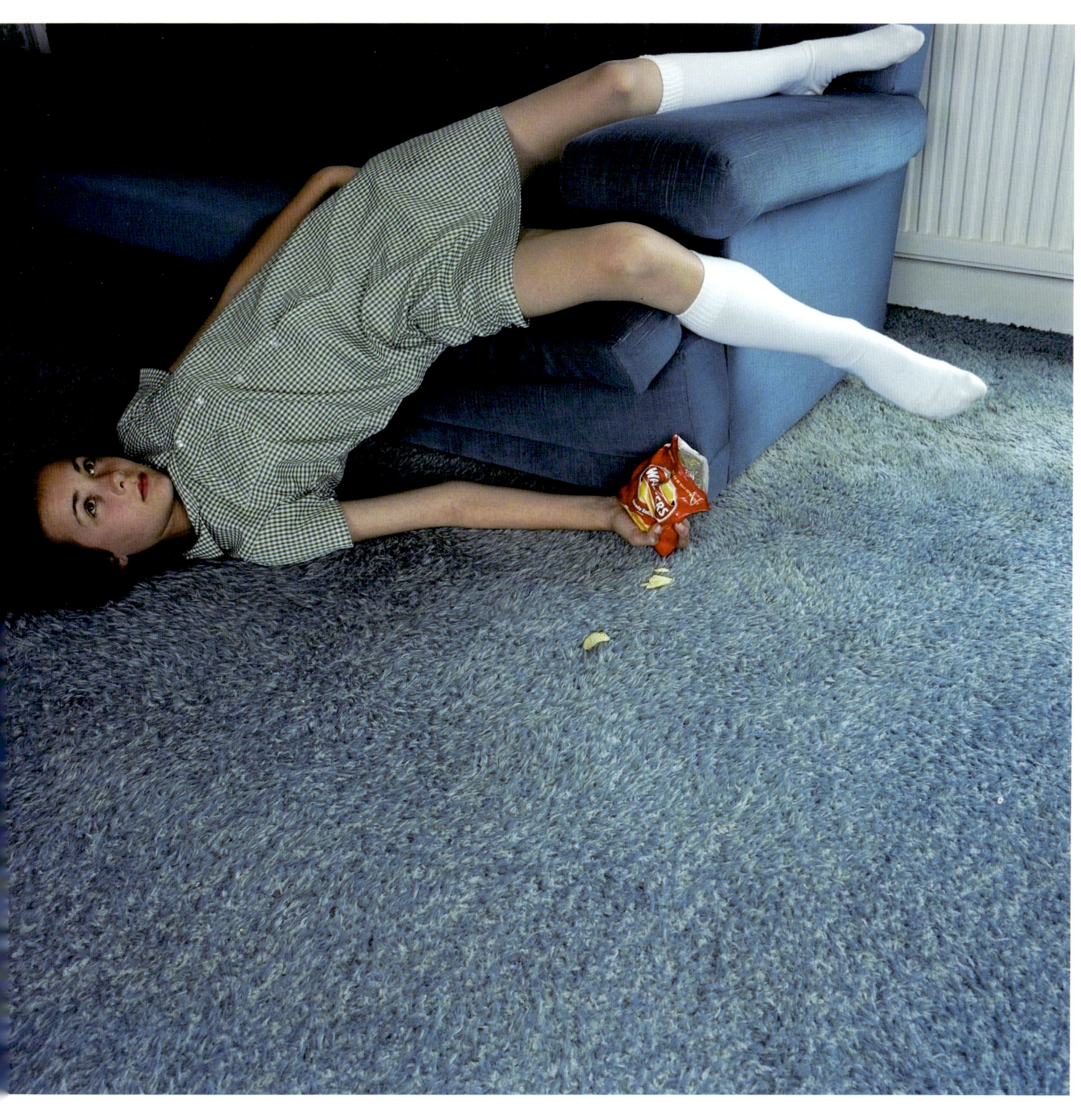

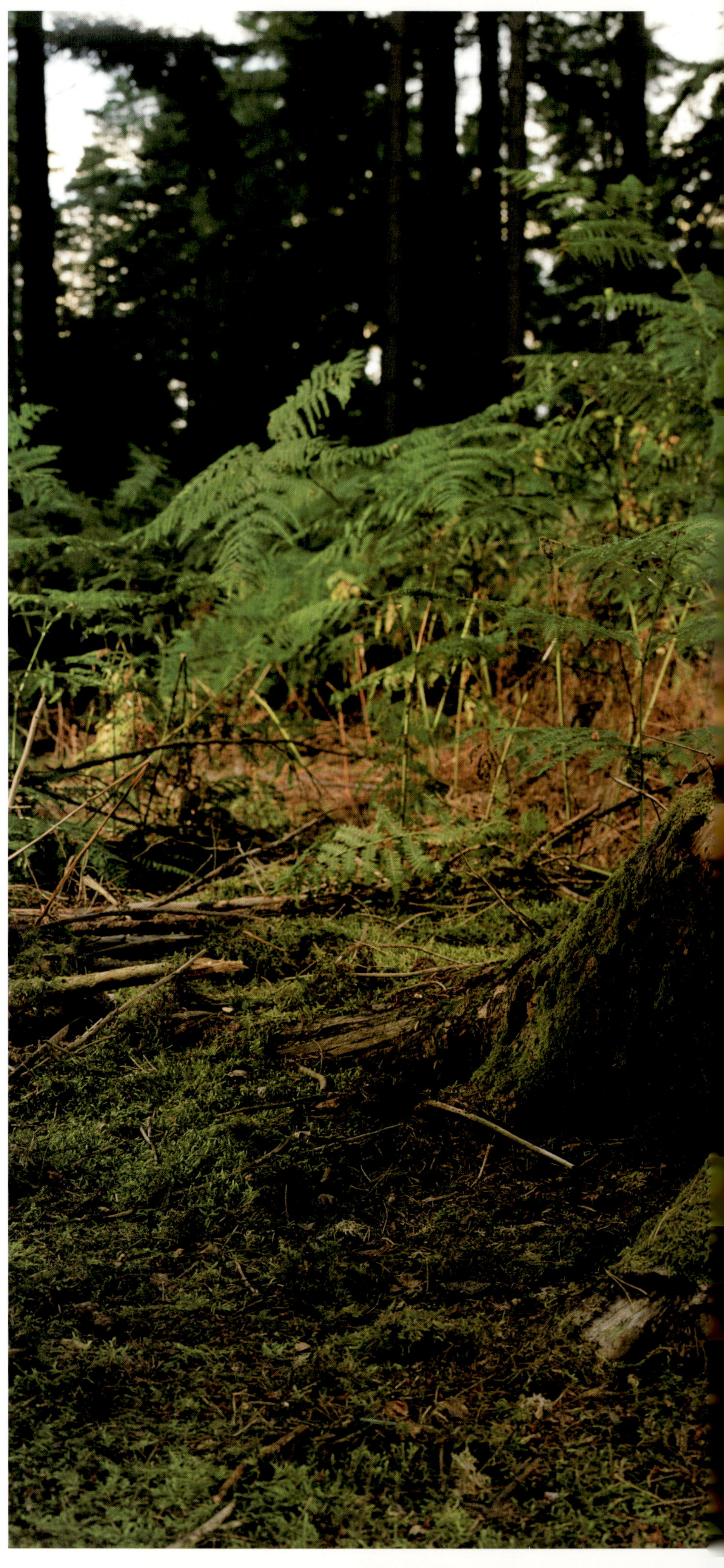

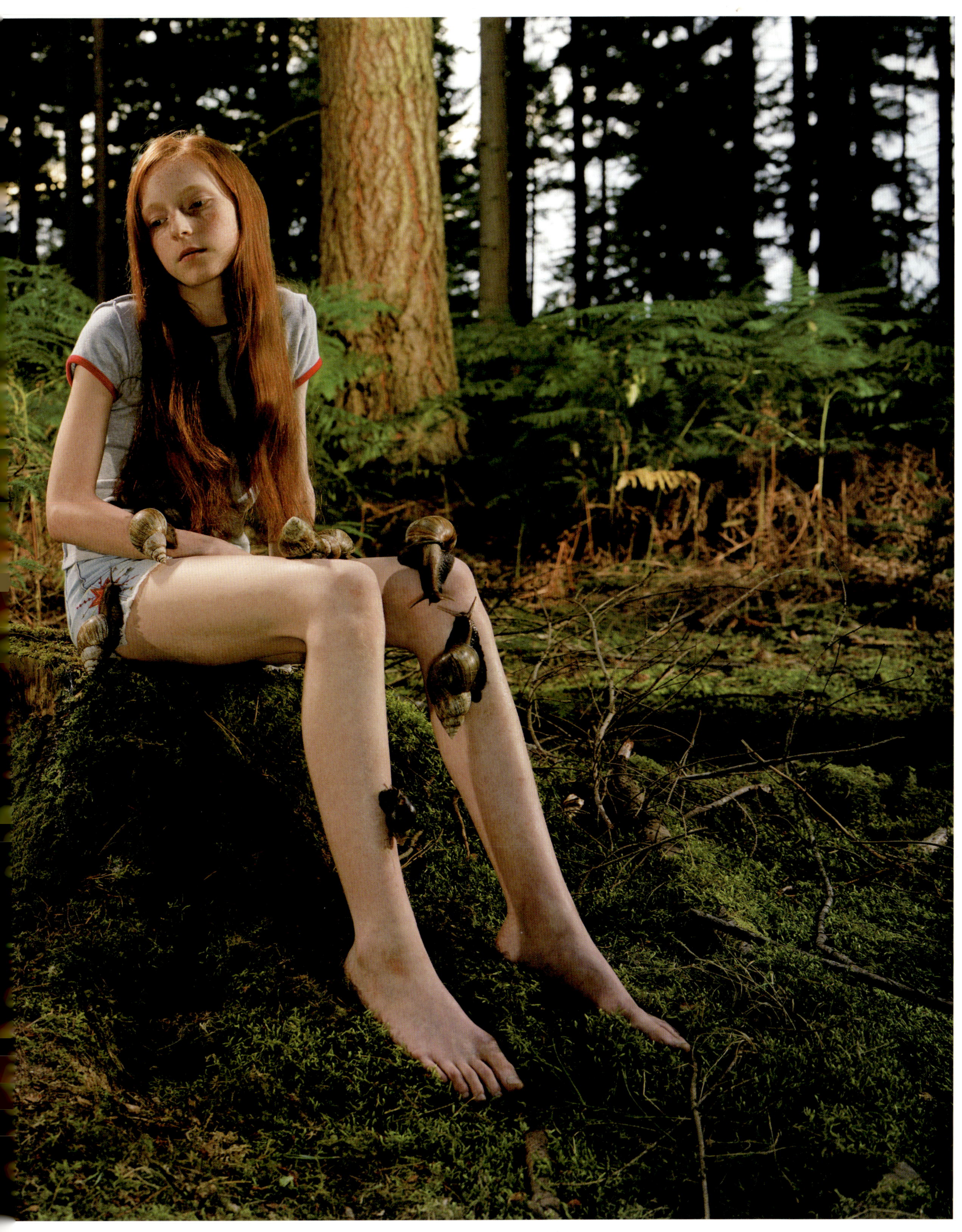

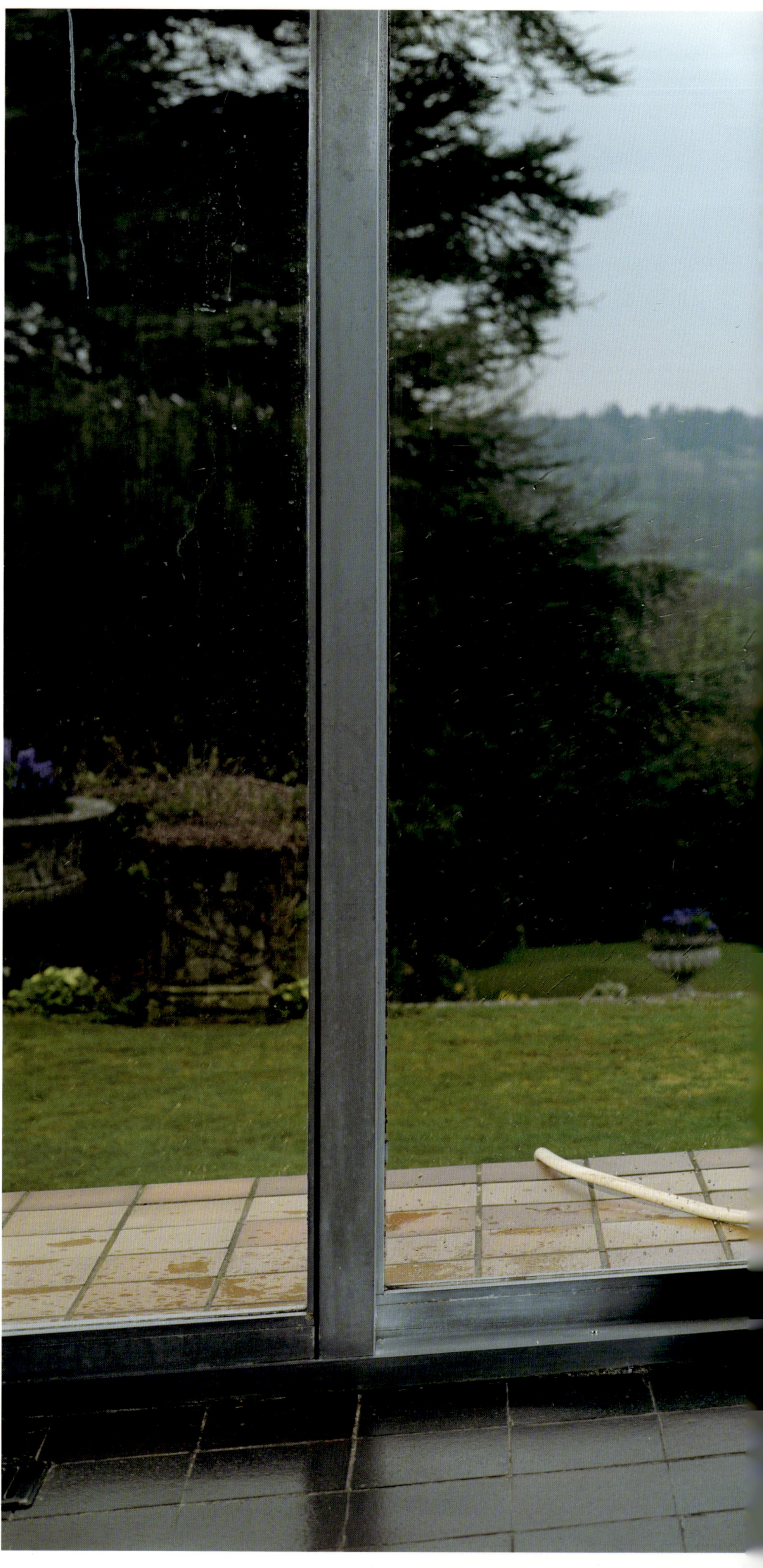

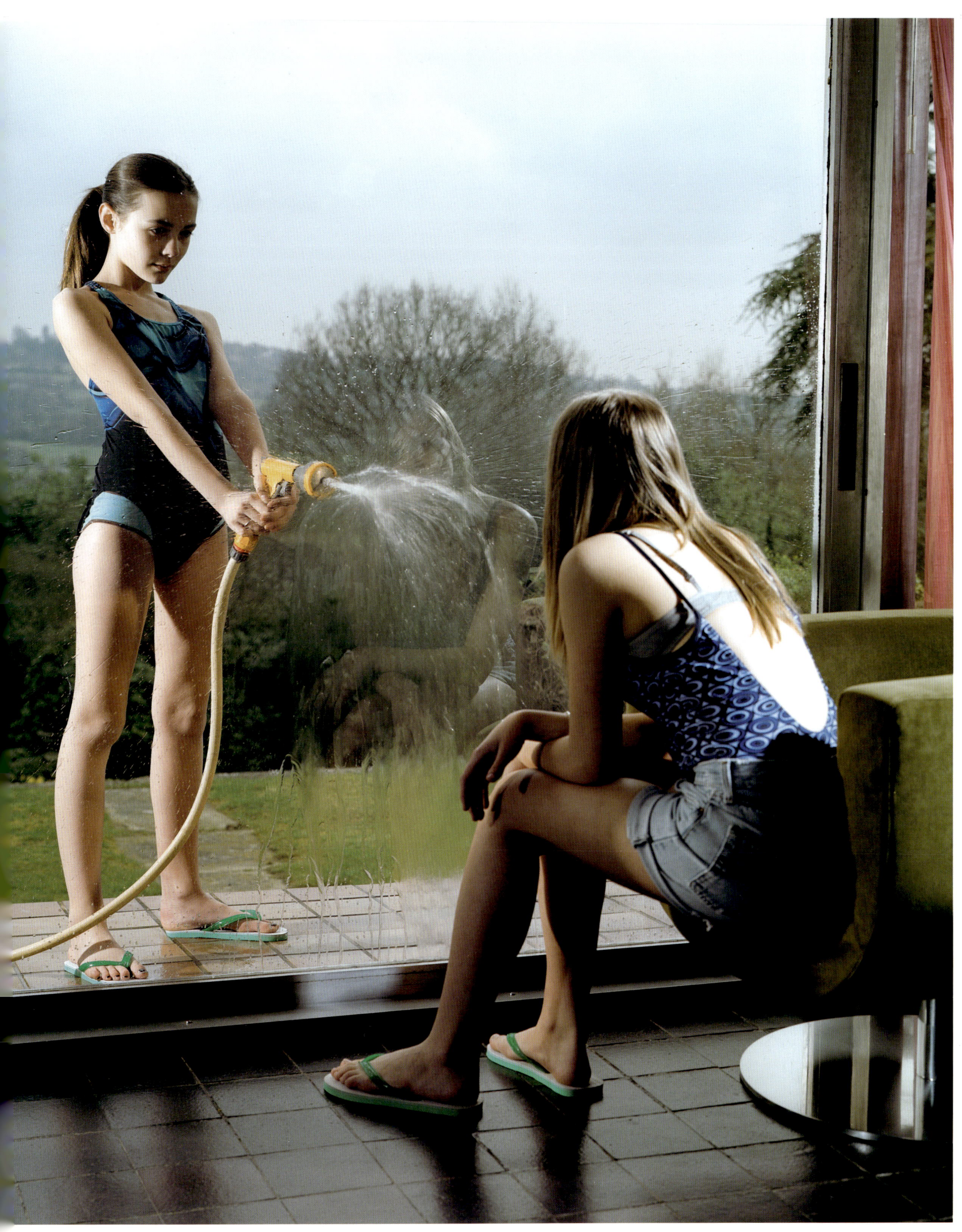

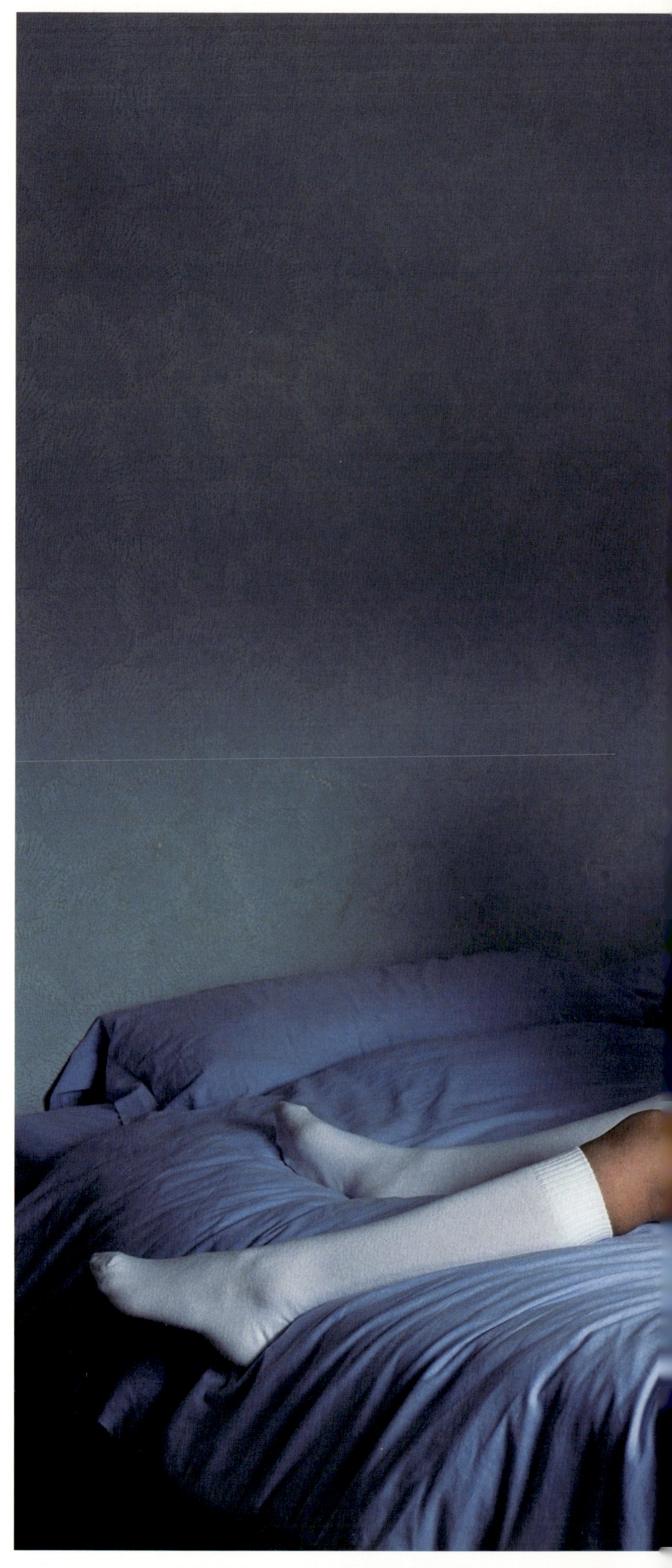

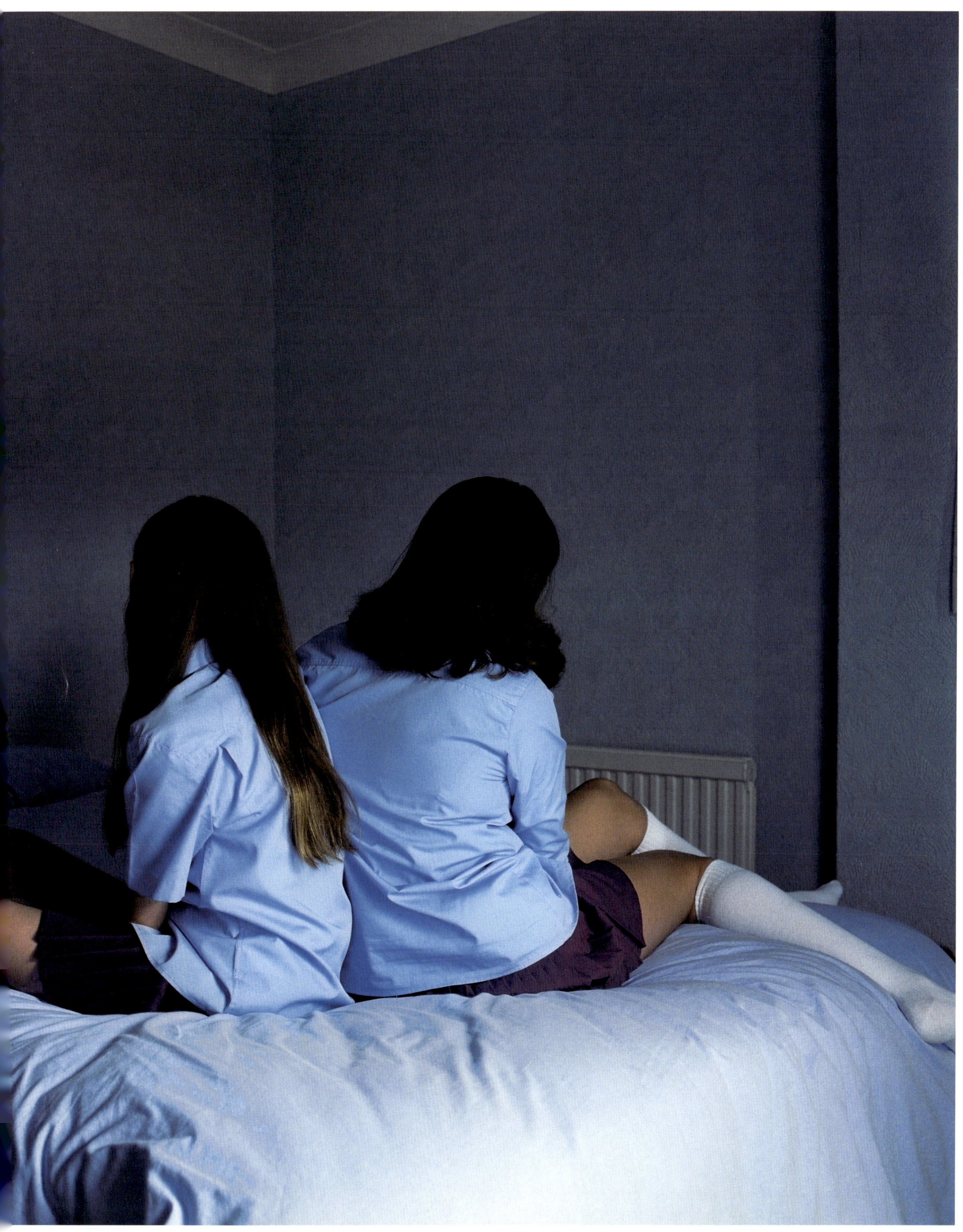

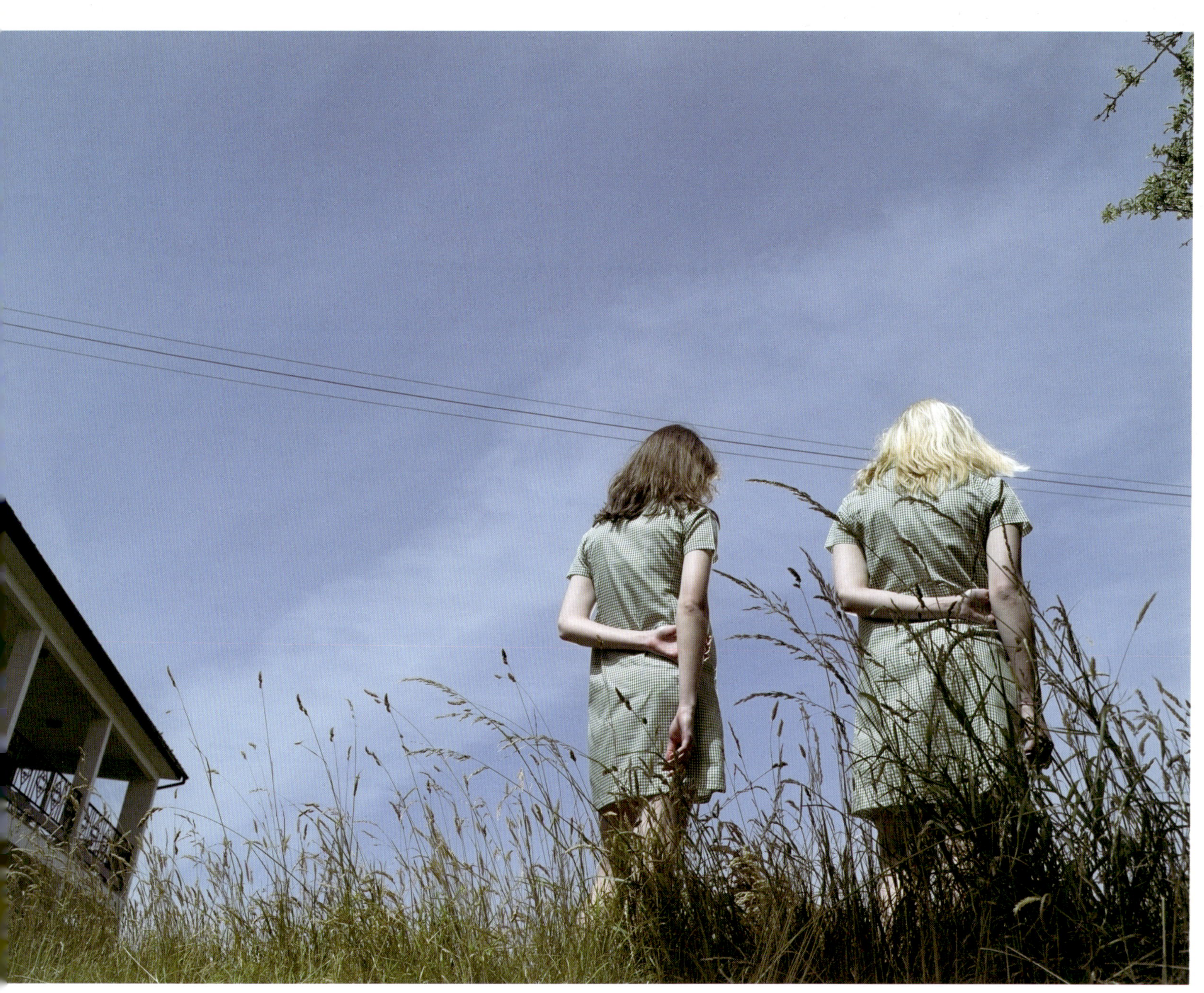

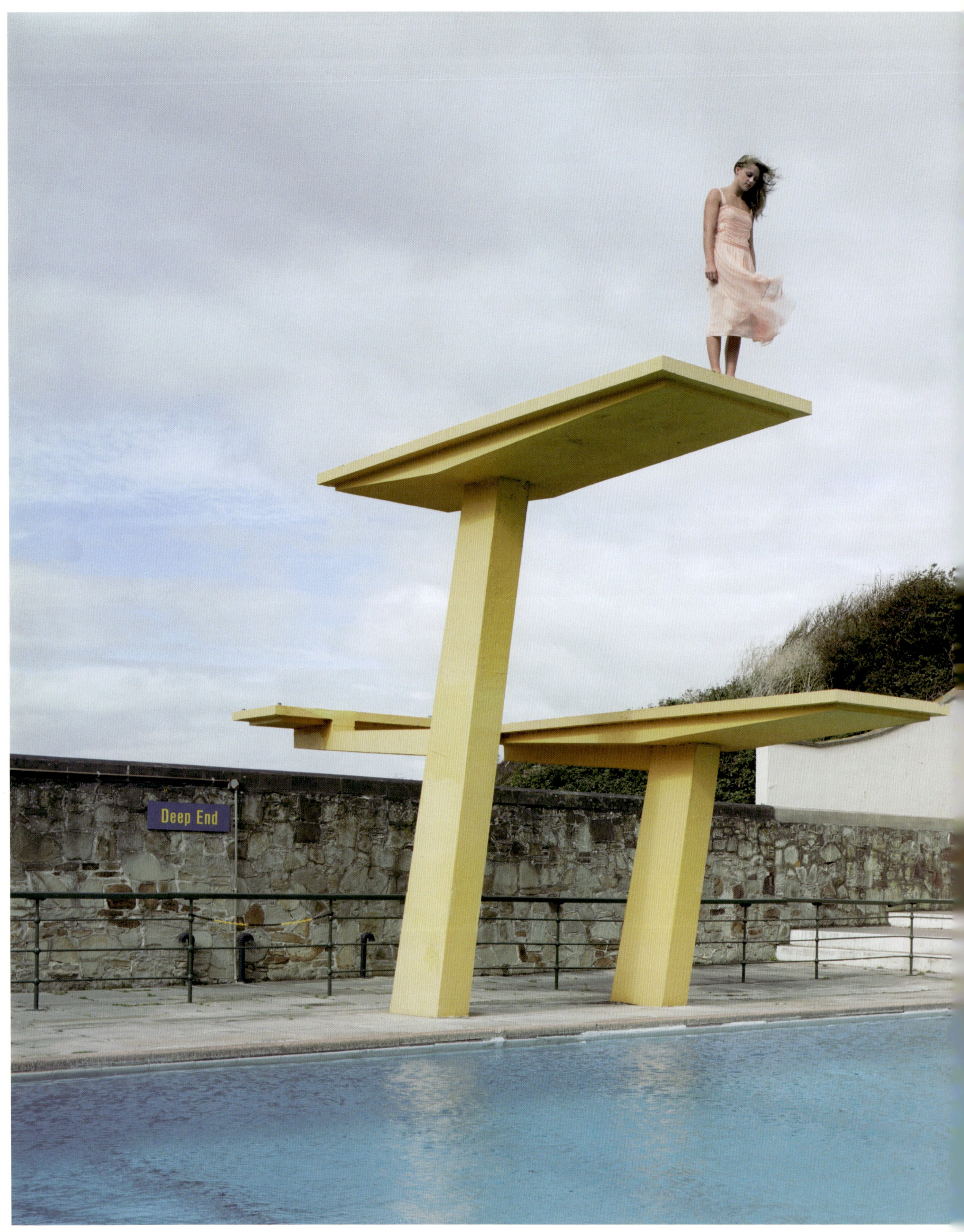
Deep End

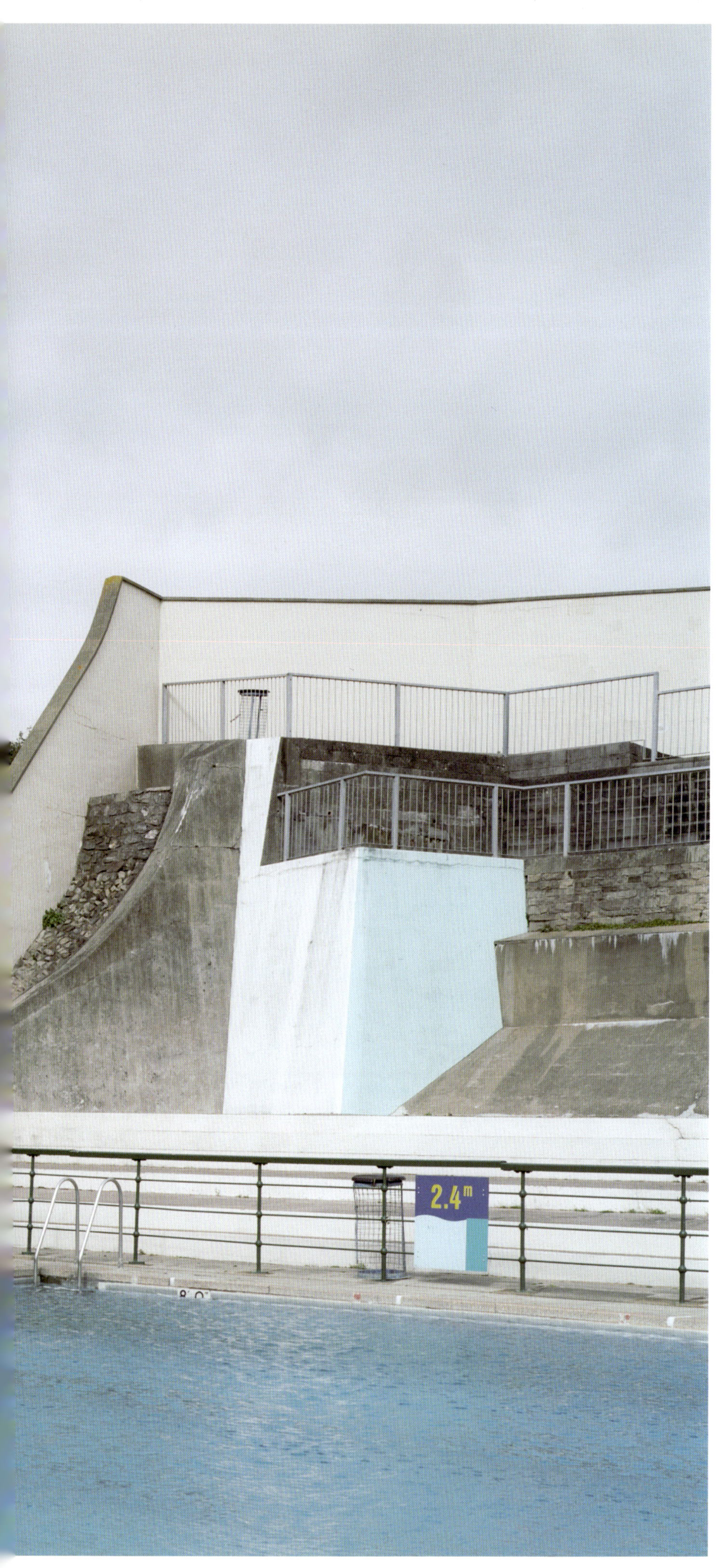
2.4m

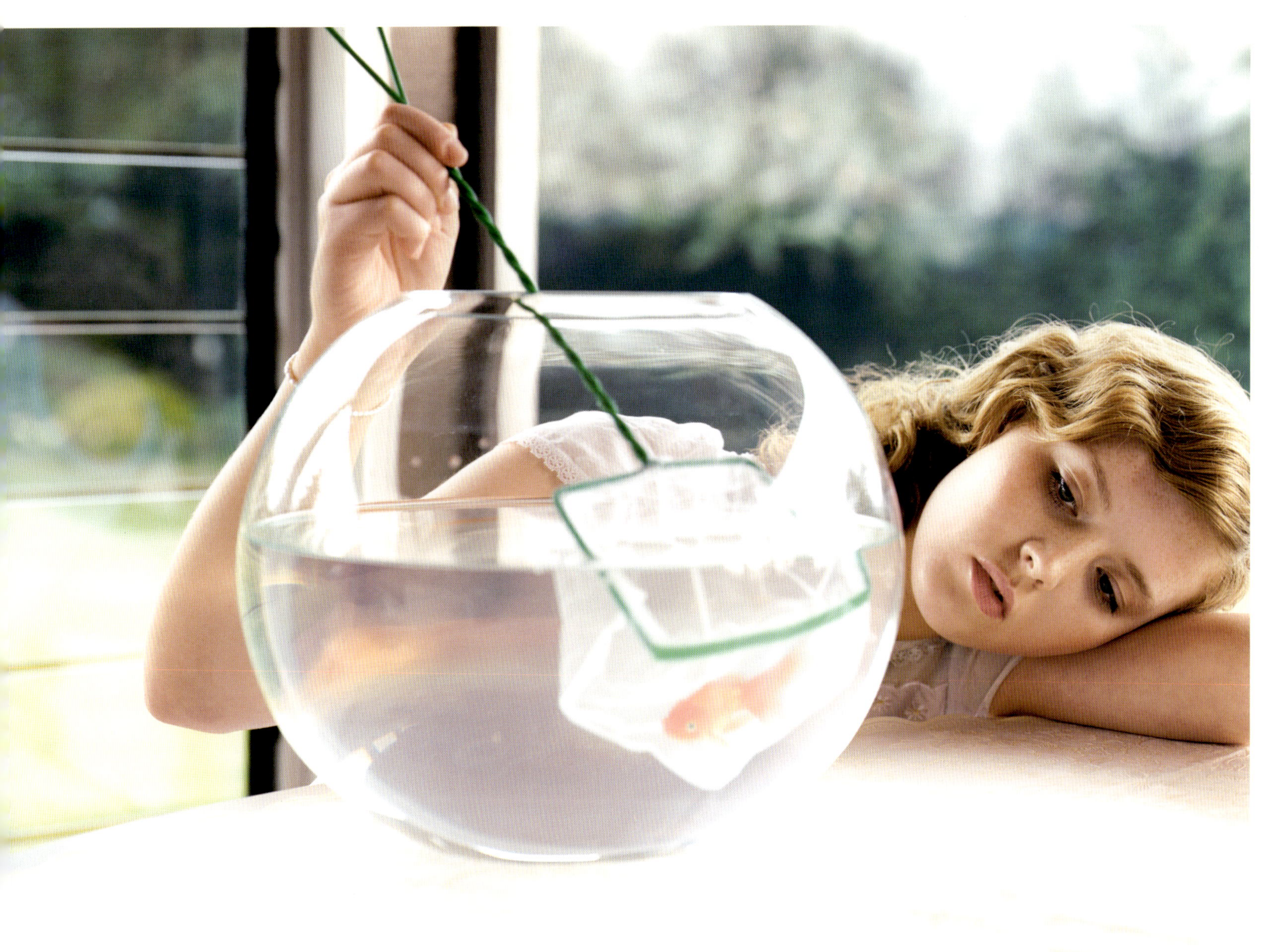

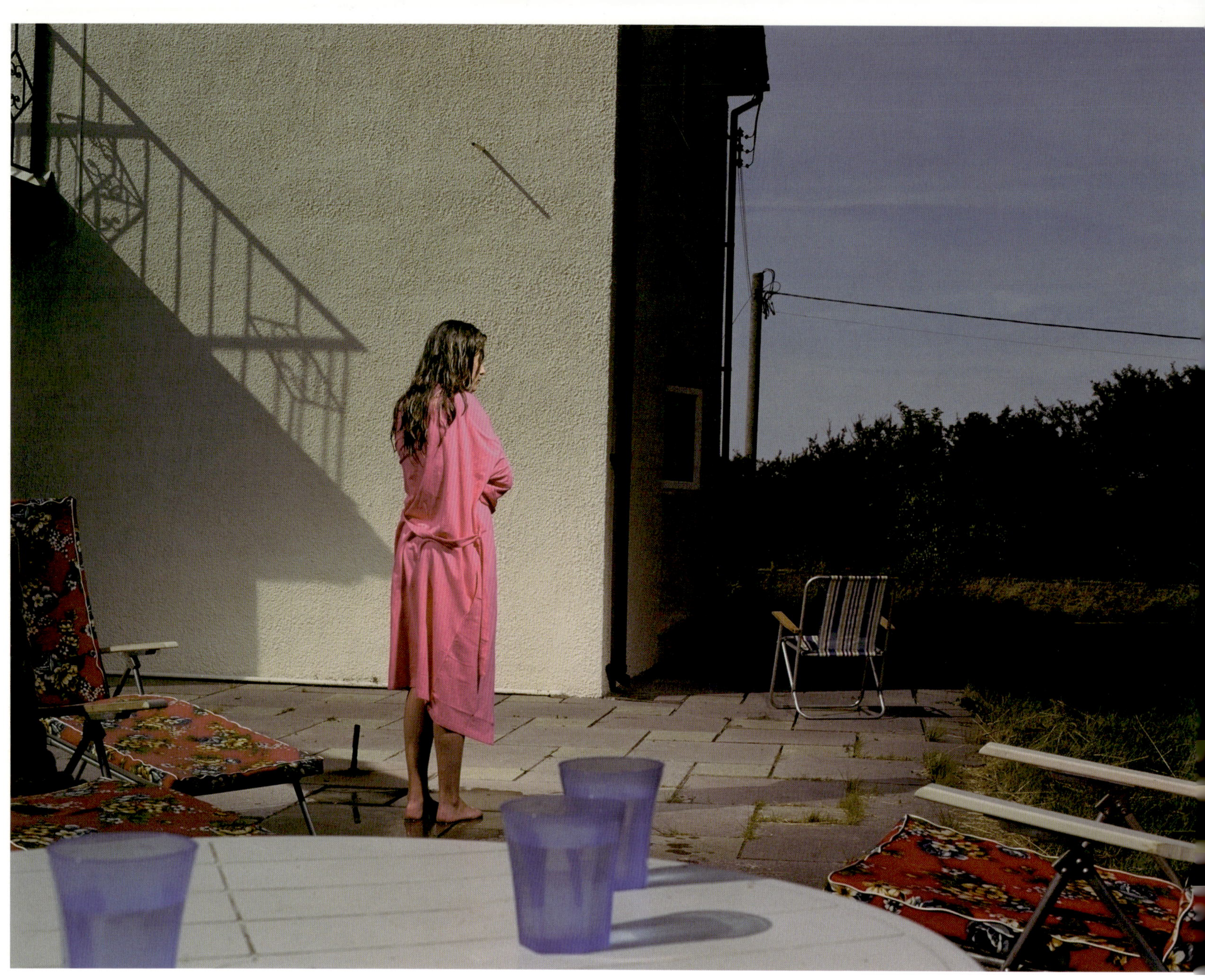

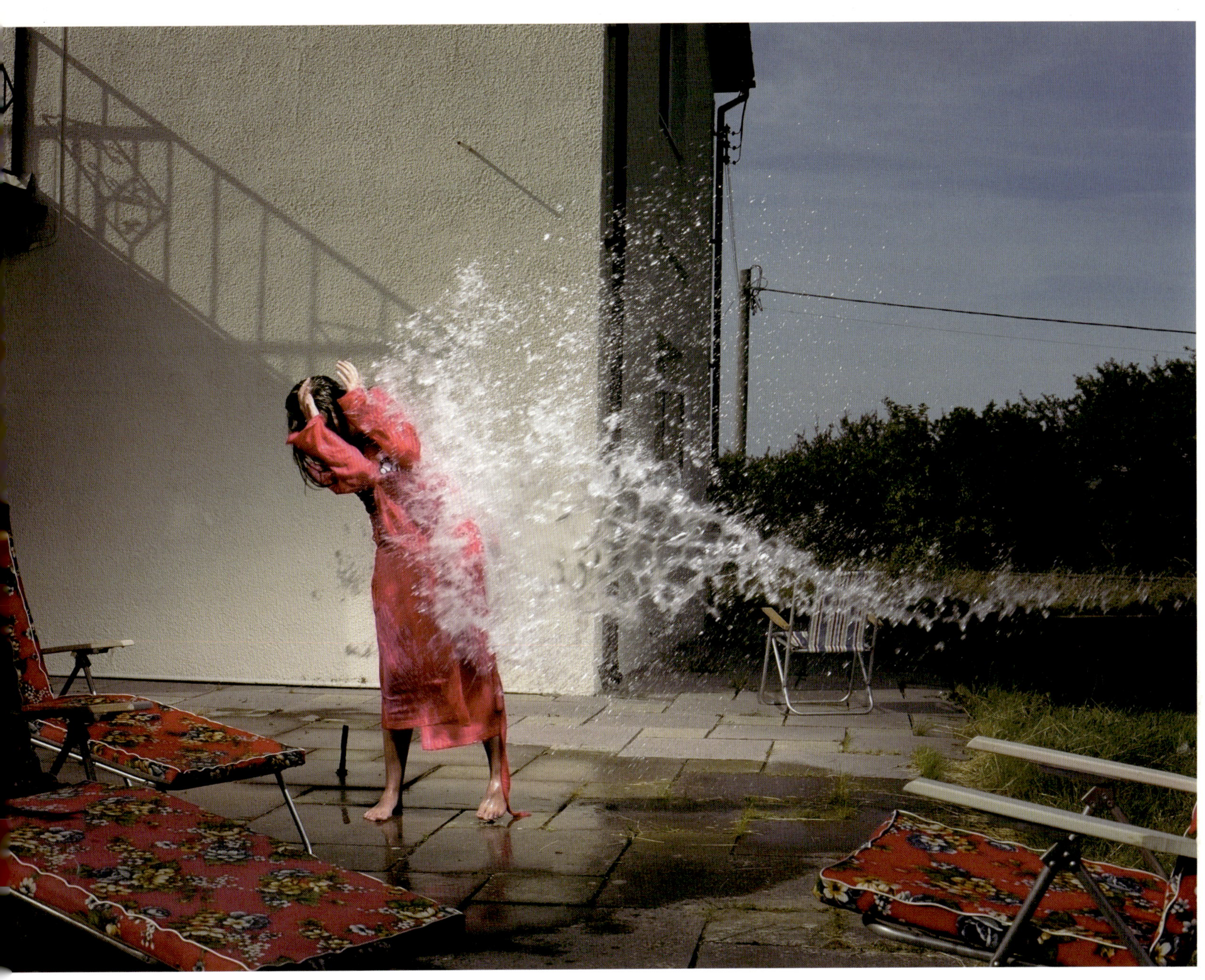

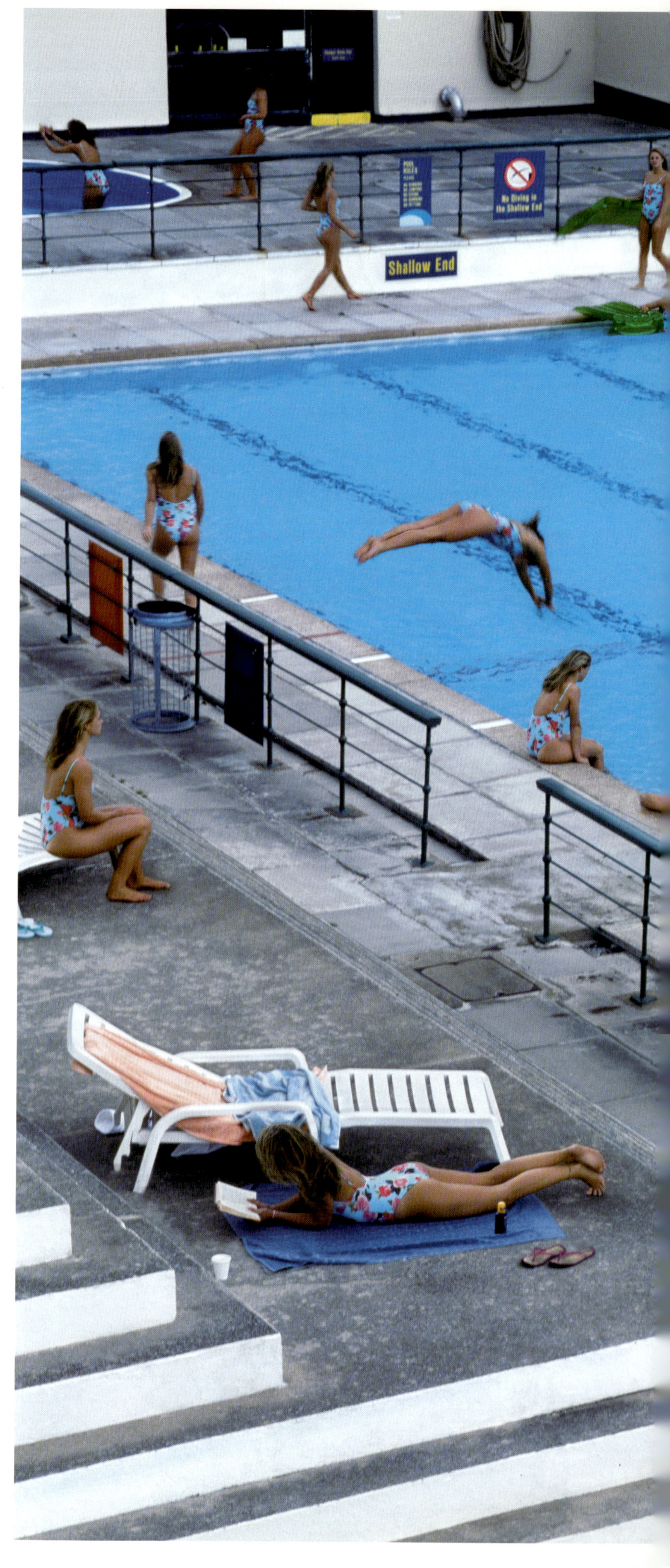
POOL RULES
No Diving in the Shallow End
Shallow End

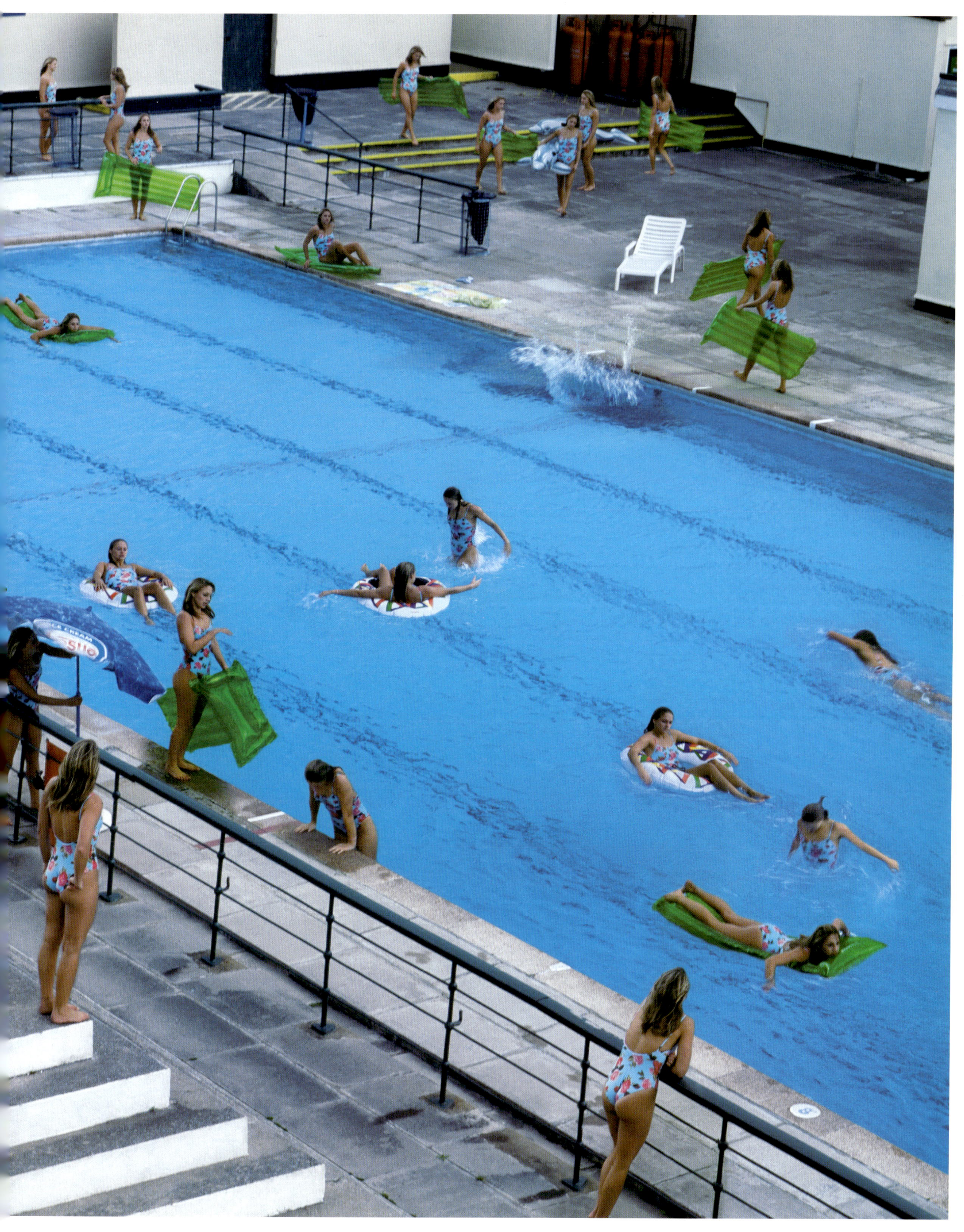

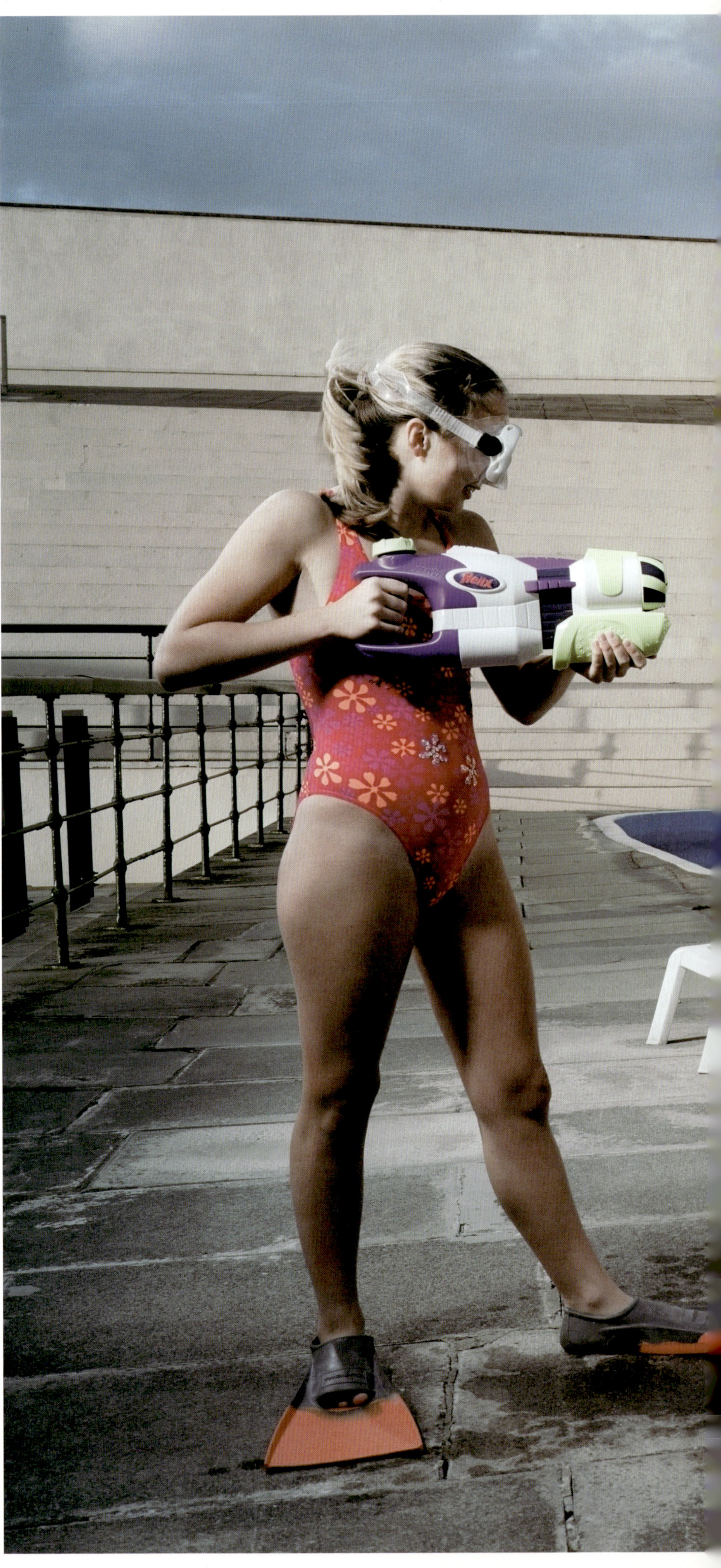
Helix

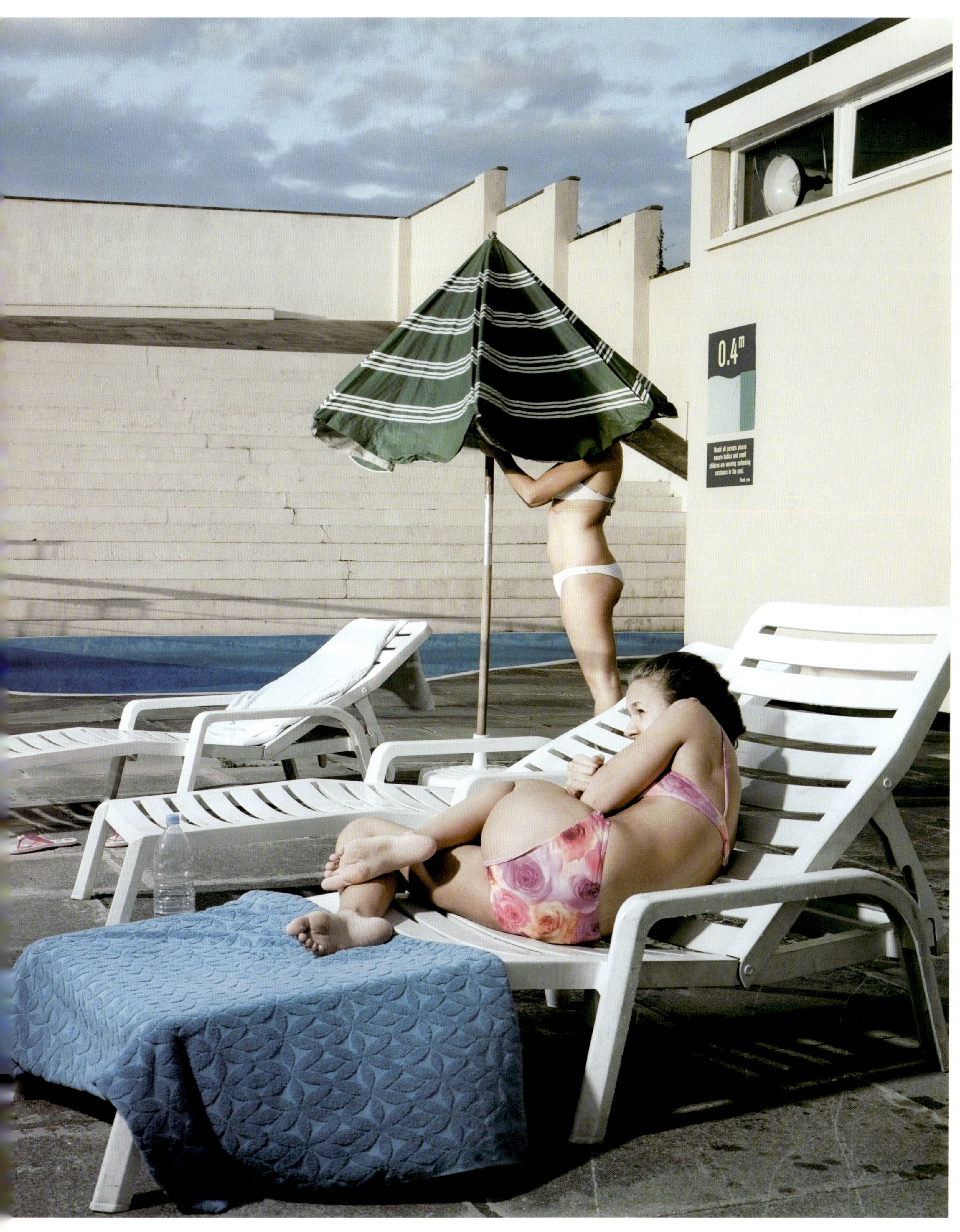
0.4m
Would all parents please
ensure babies and small
children are wearing swimming
costumes in the pool.
Thank you

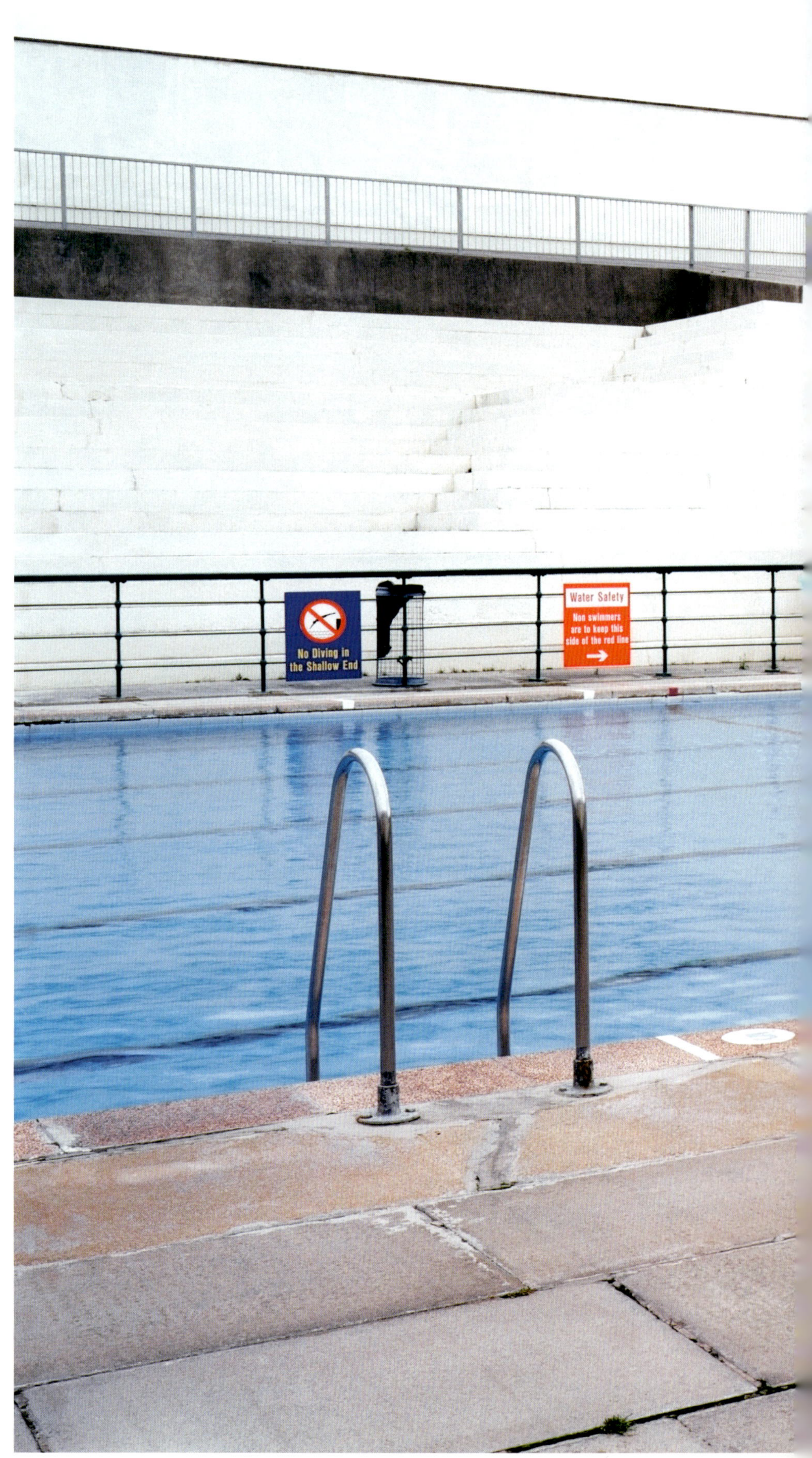
No Diving in
the Shallow End
Water Safety
Non swimmers
are to keep this
side of the red line

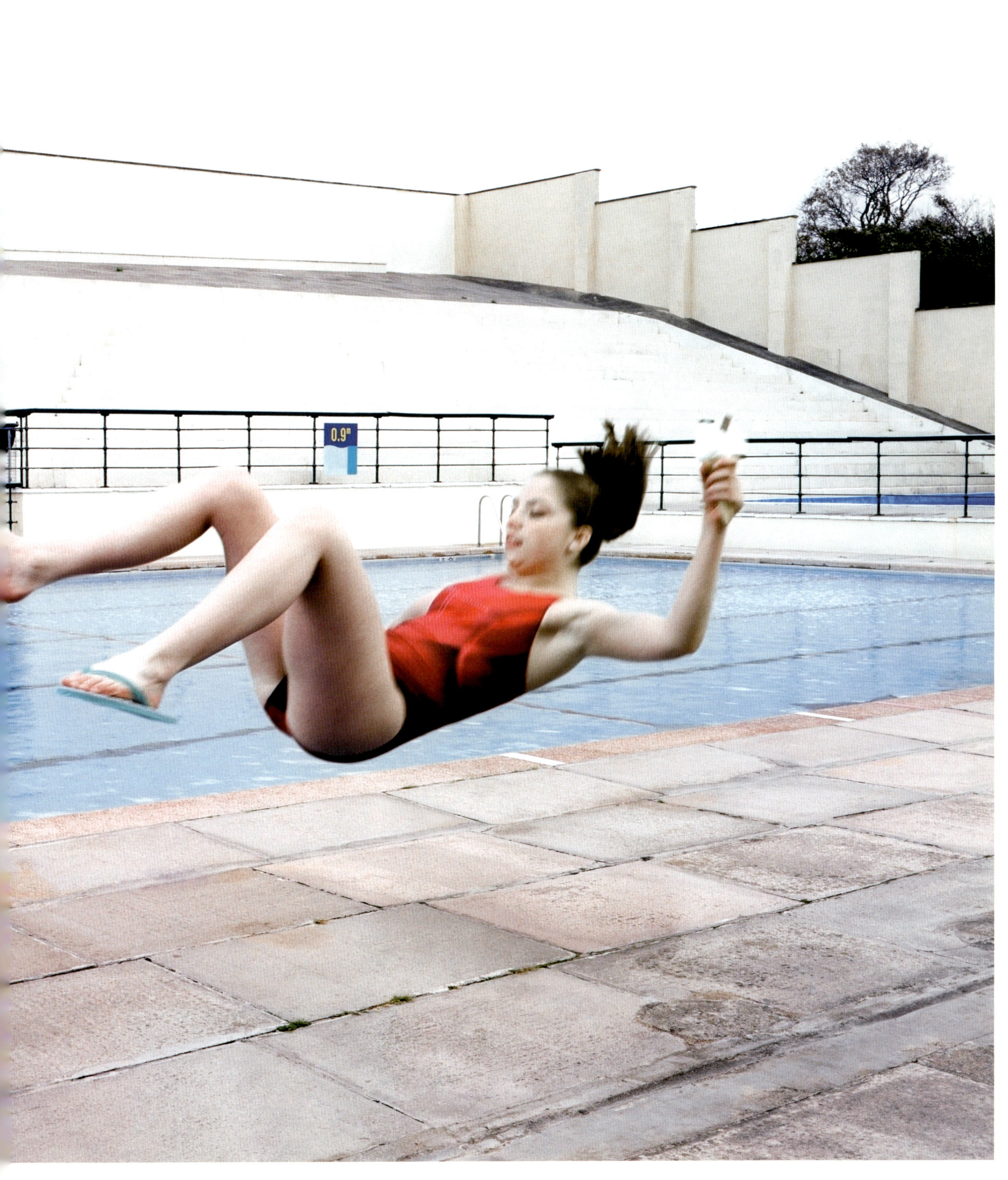
0.9m

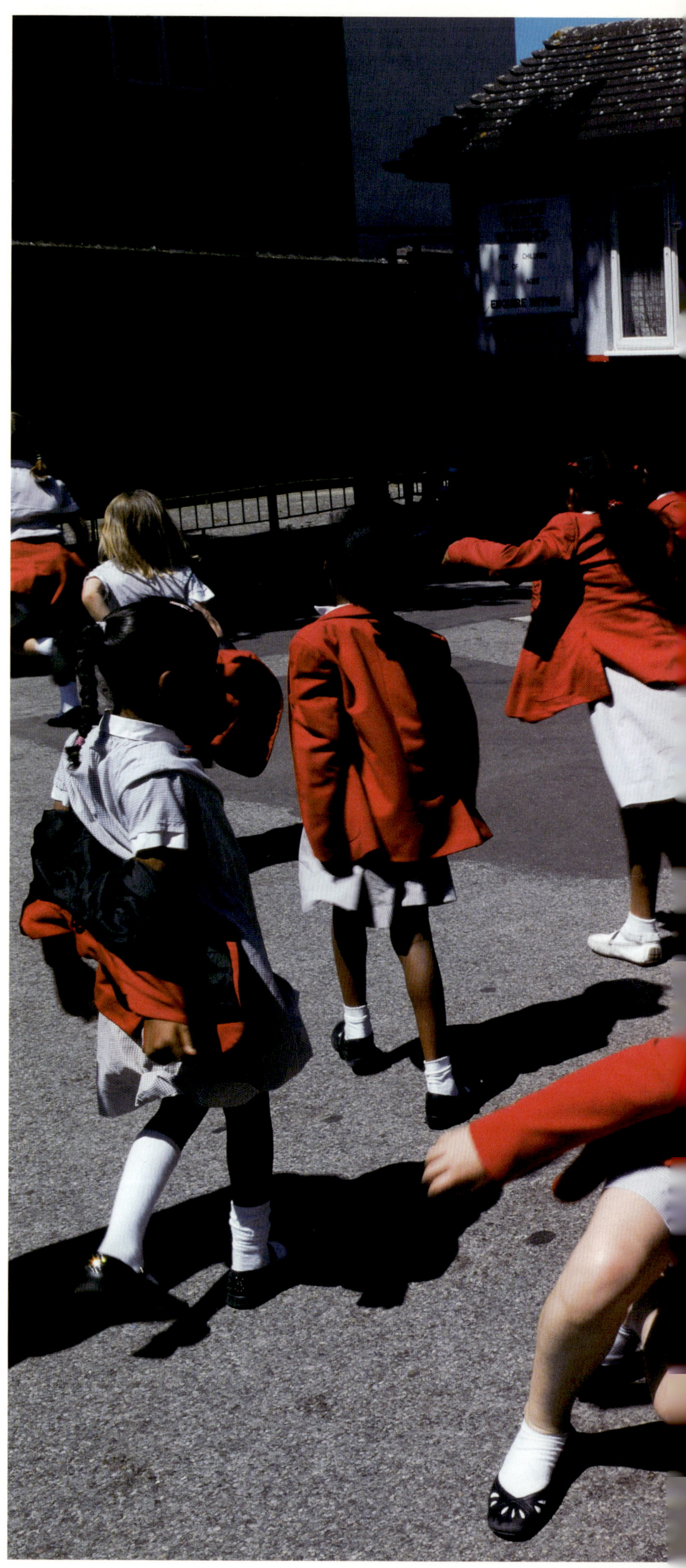

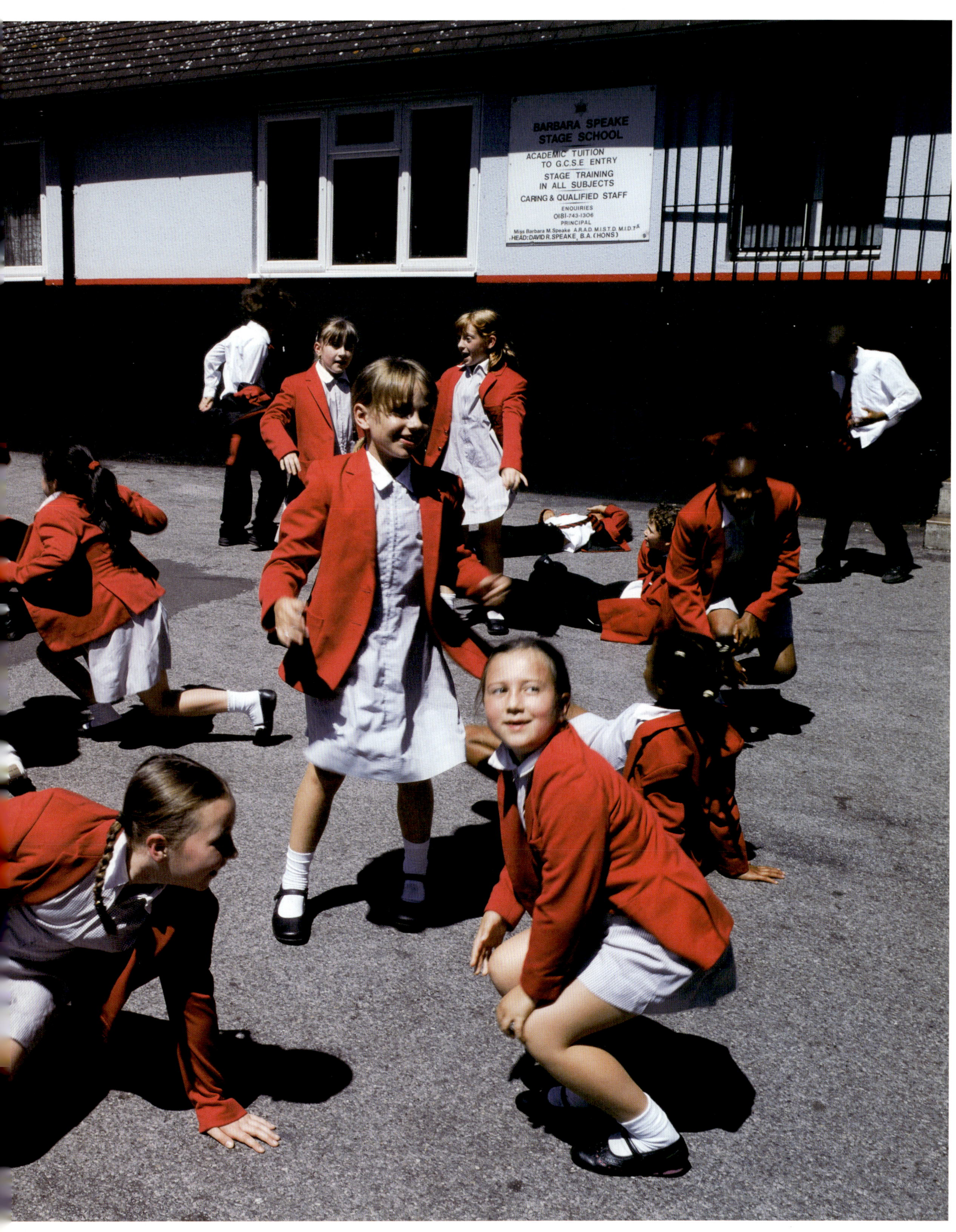
BARBARA SPEAKE
STAGE SCHOOL
ACADEMIC TUITION
TO G.C.S.E ENTRY
STAGE TRAINING
IN ALL SUBJECTS
CARING & QUALIFIED STAFF
ENQUIRIES
0181-743-1306
PRINCIPAL
Miss Barbara M. Speake A.R.A.D. M.I.S.T.D. M.I.D.T.A.
HEAD: DAVID R. SPEAKE B.A. (HONS)

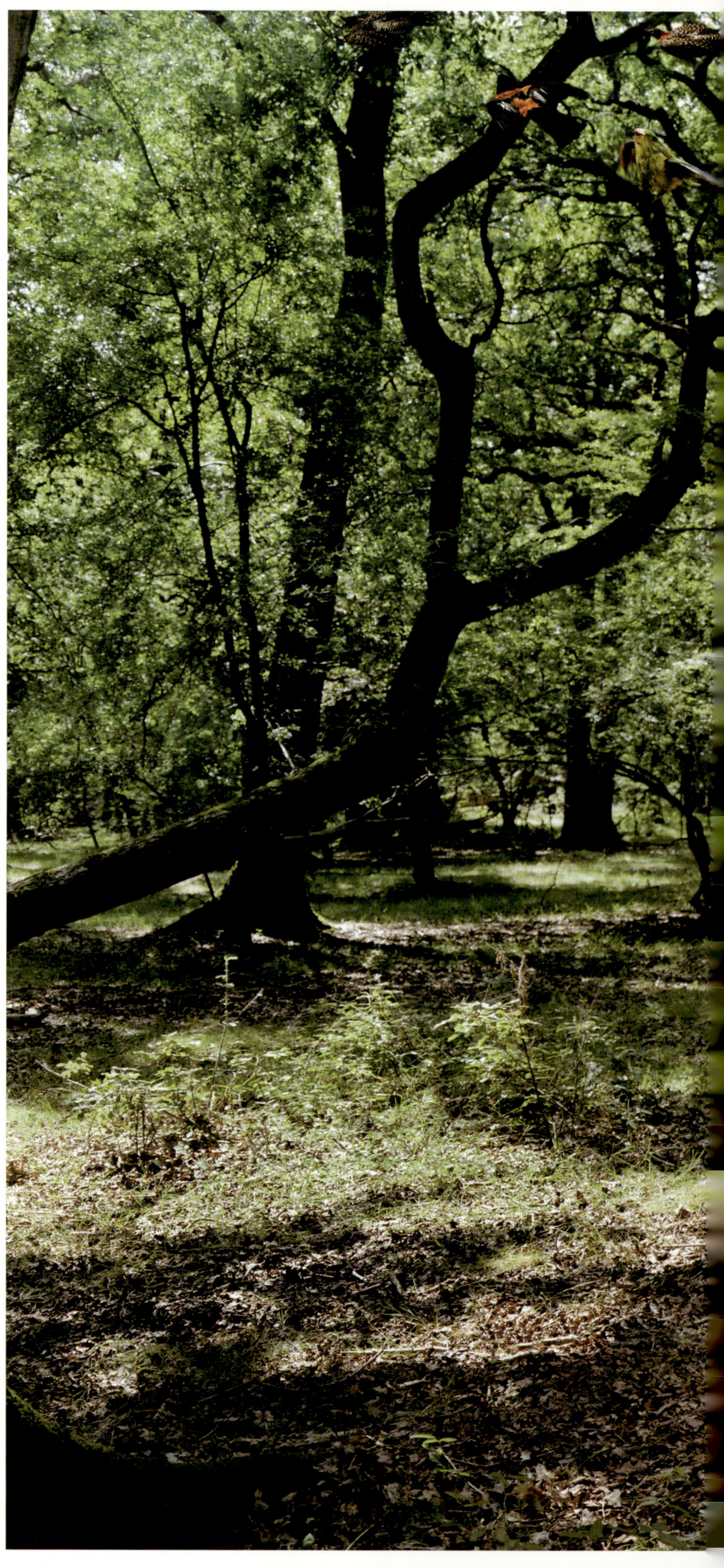

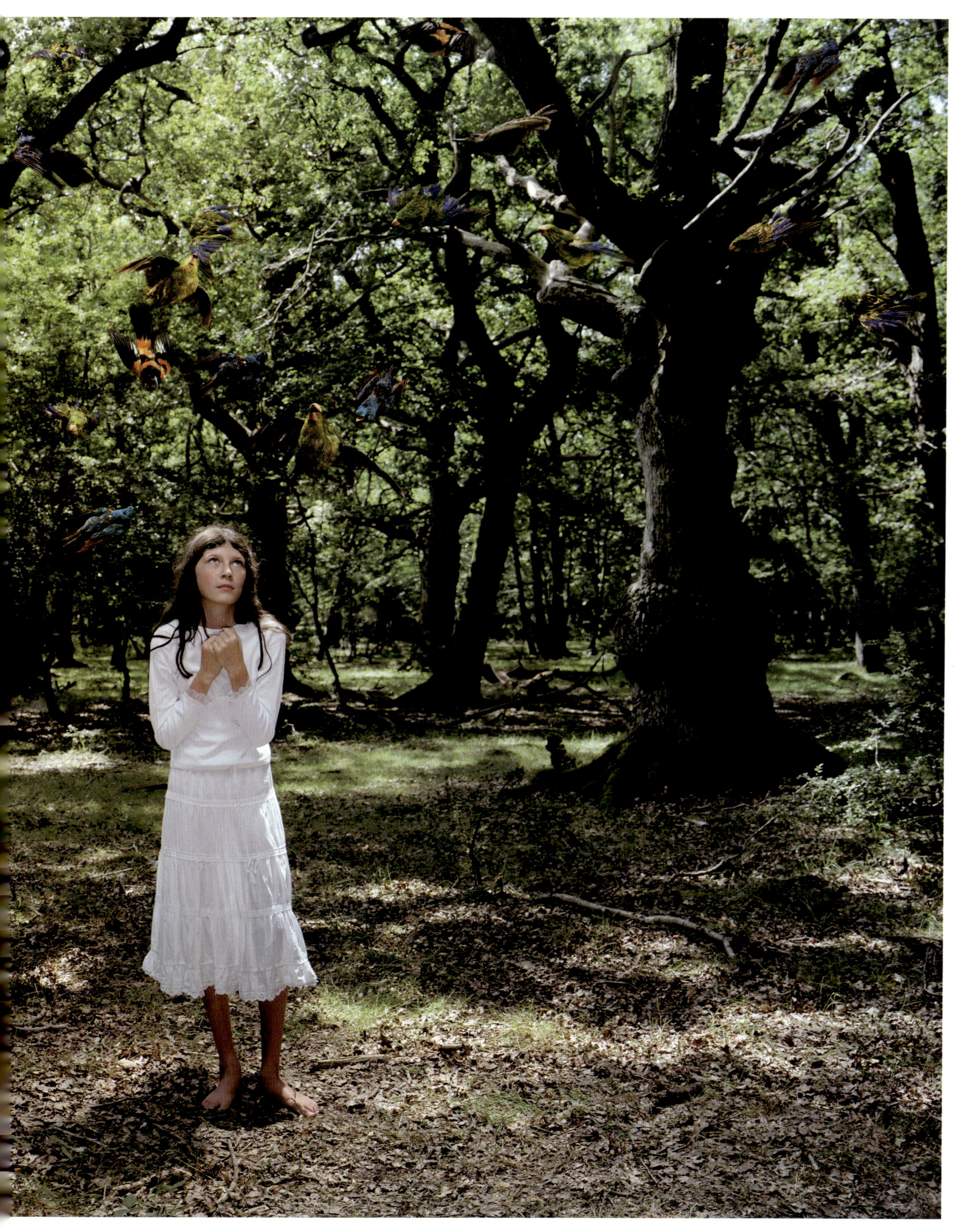

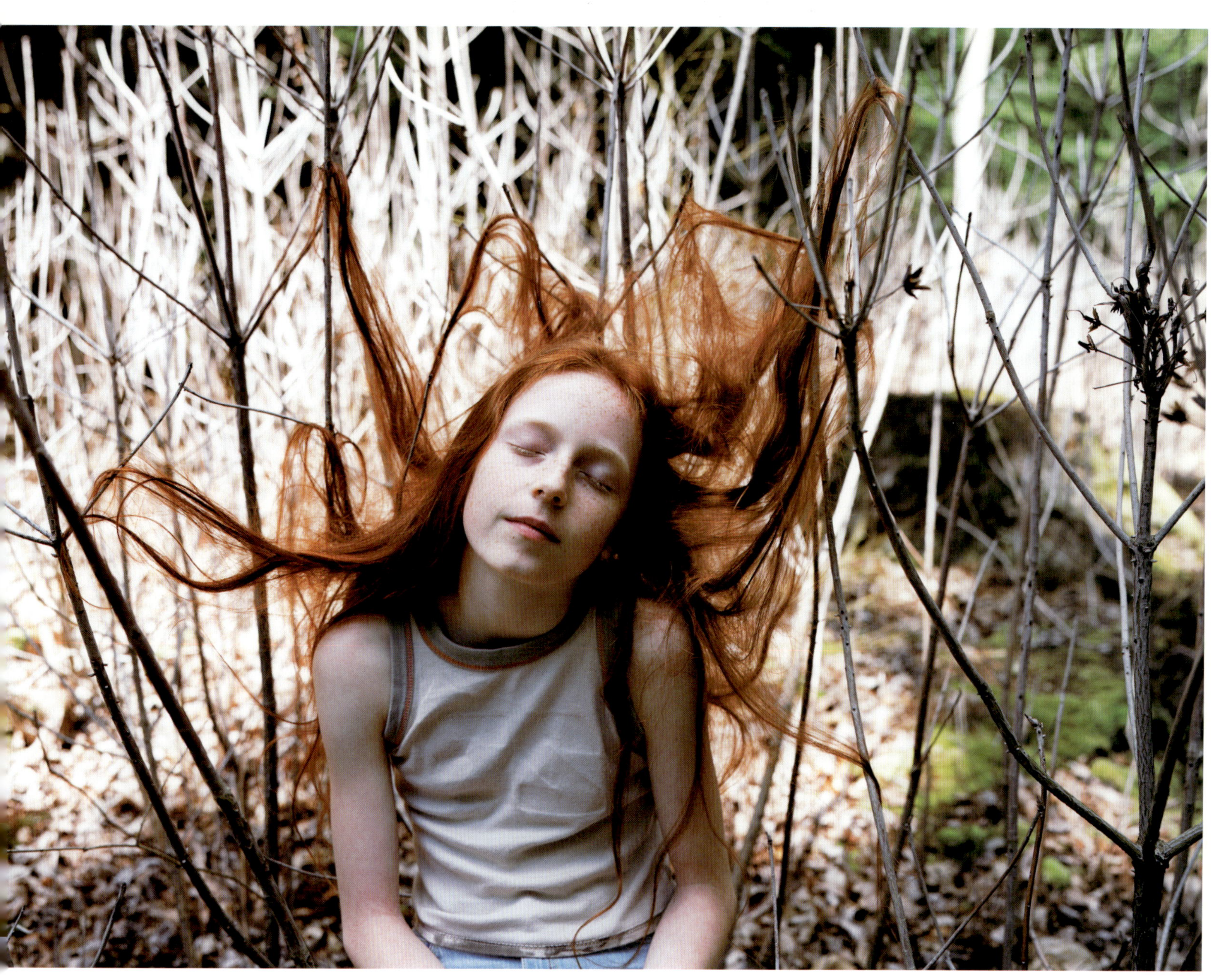

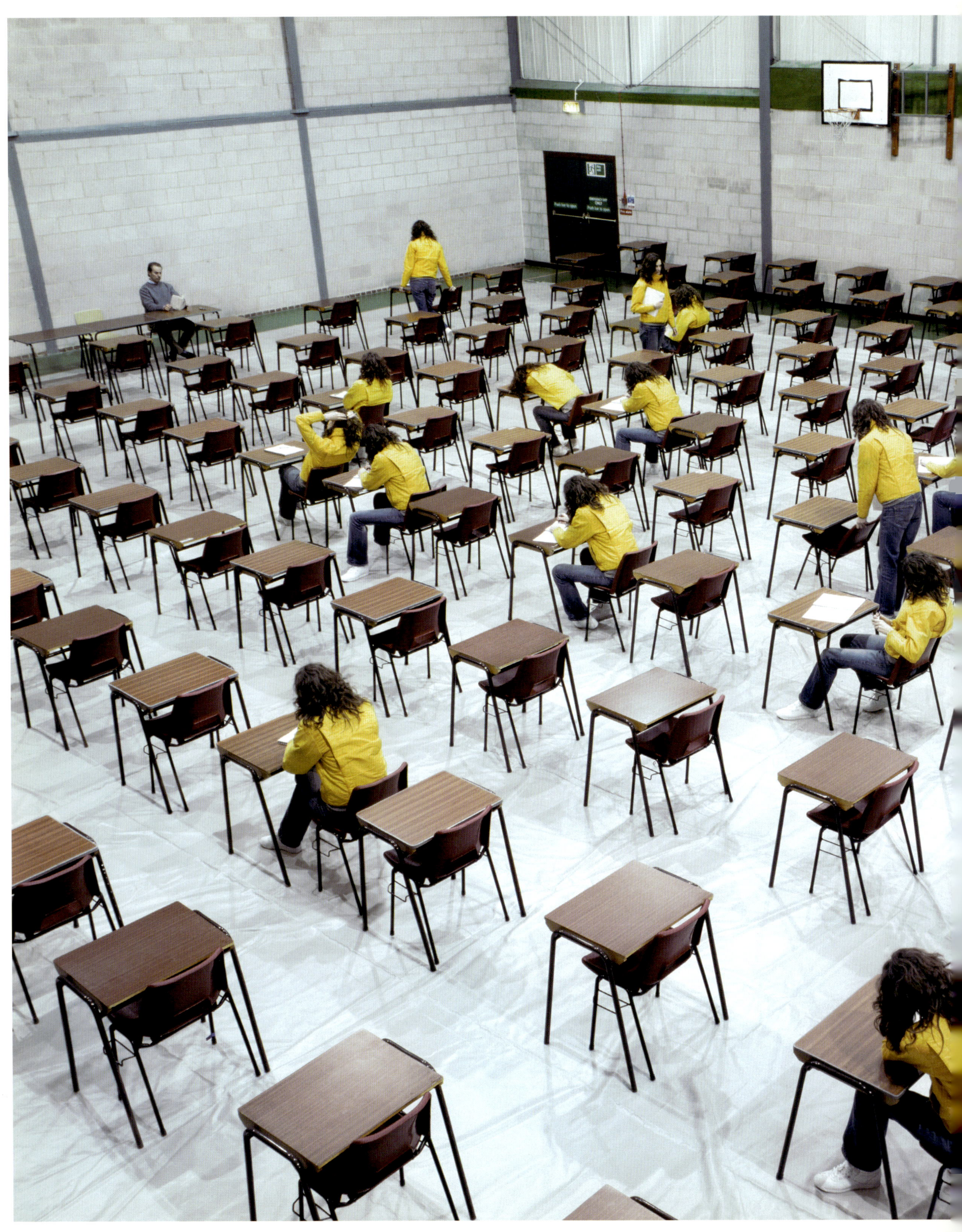

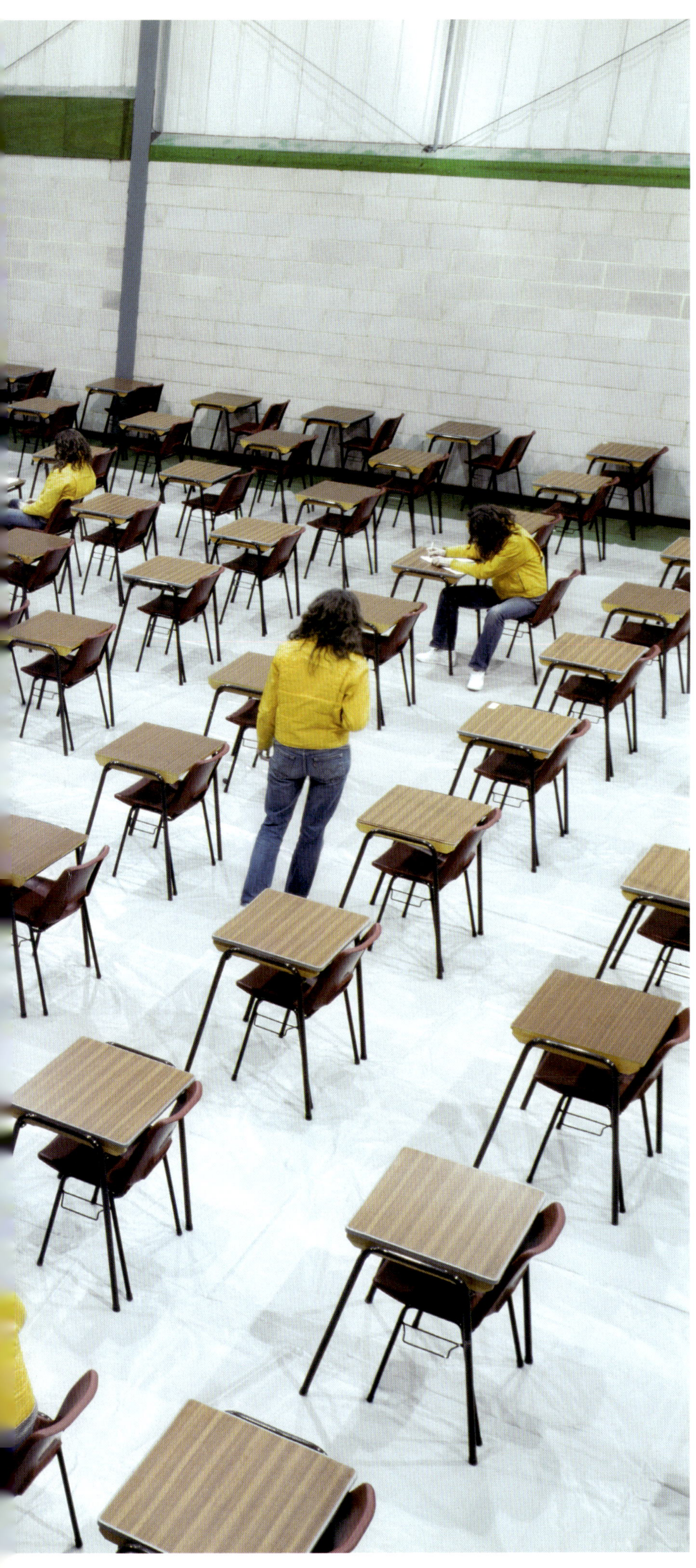

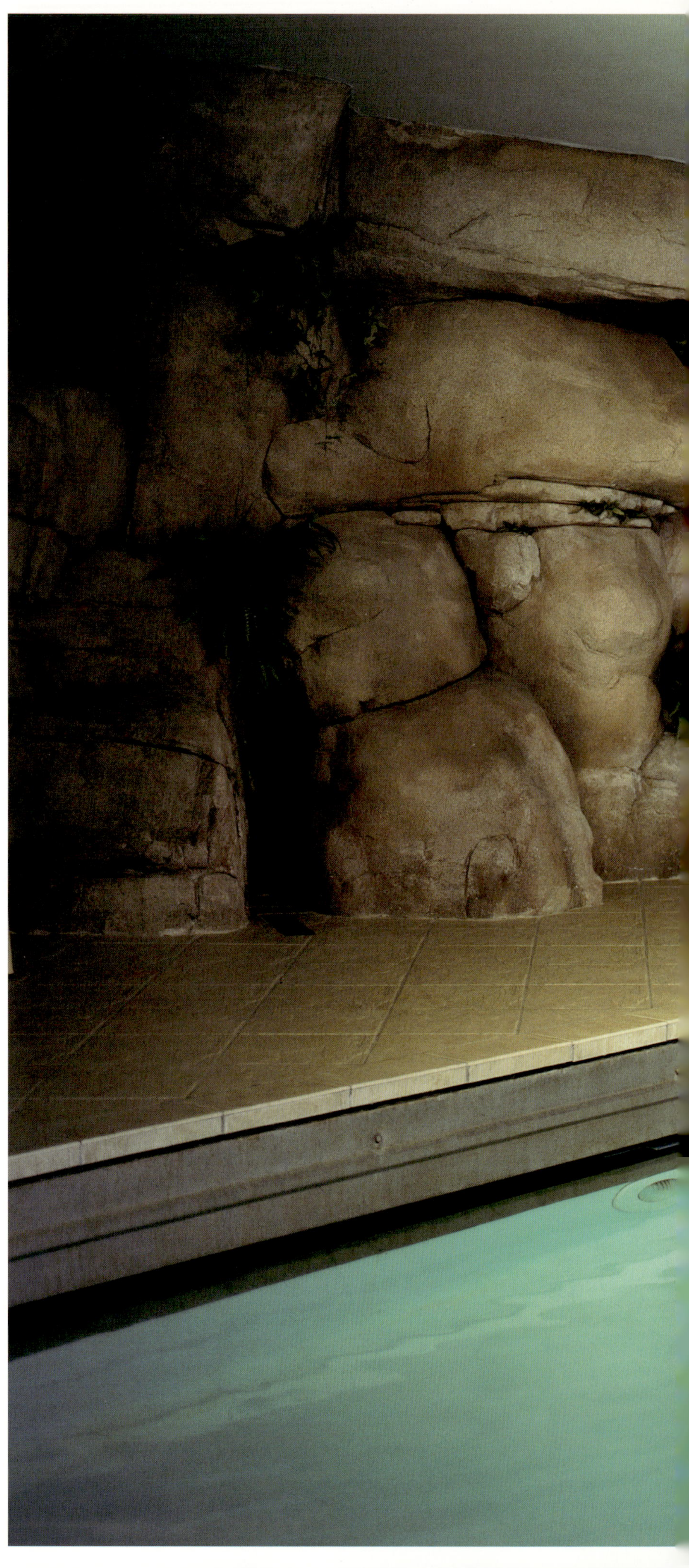

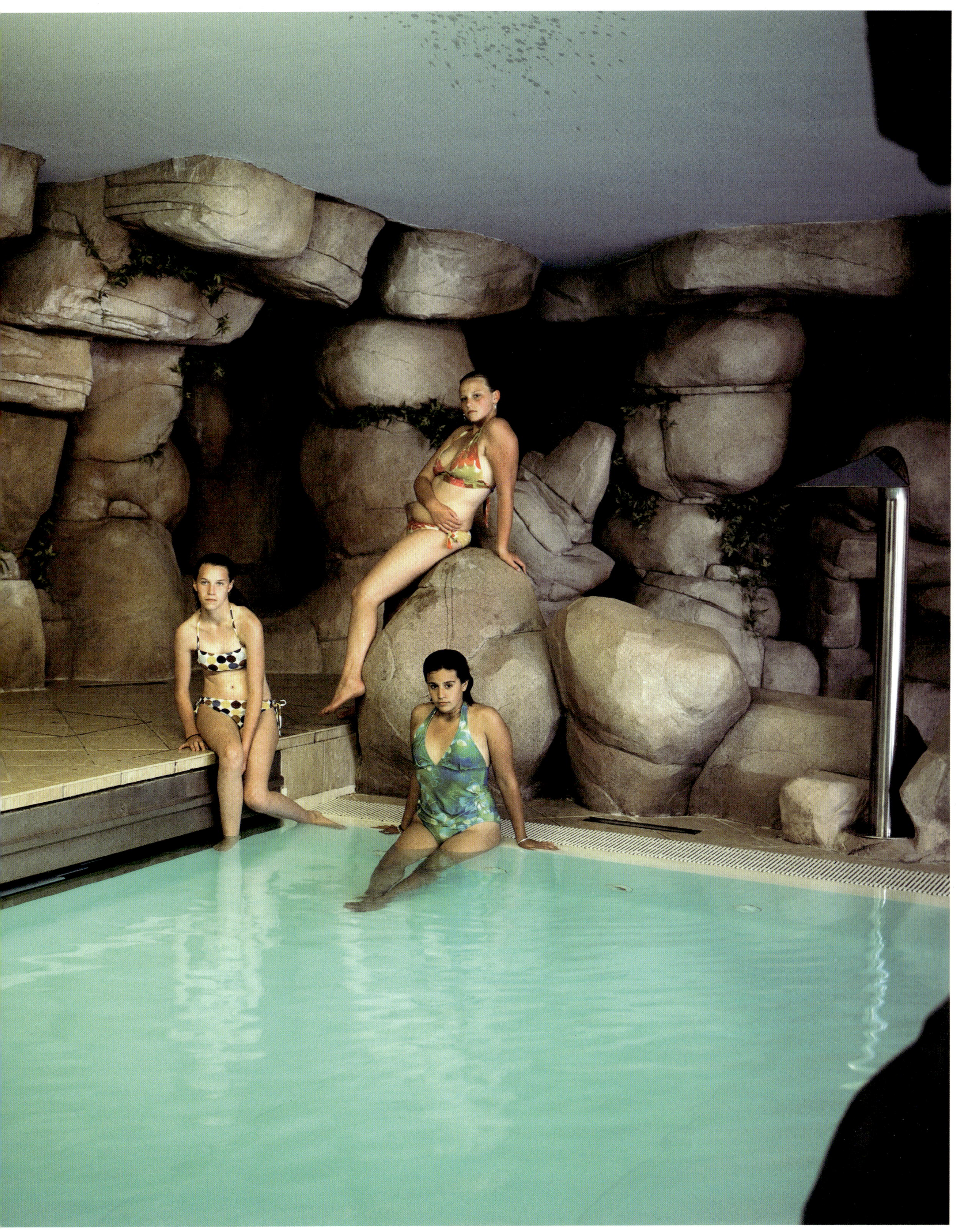

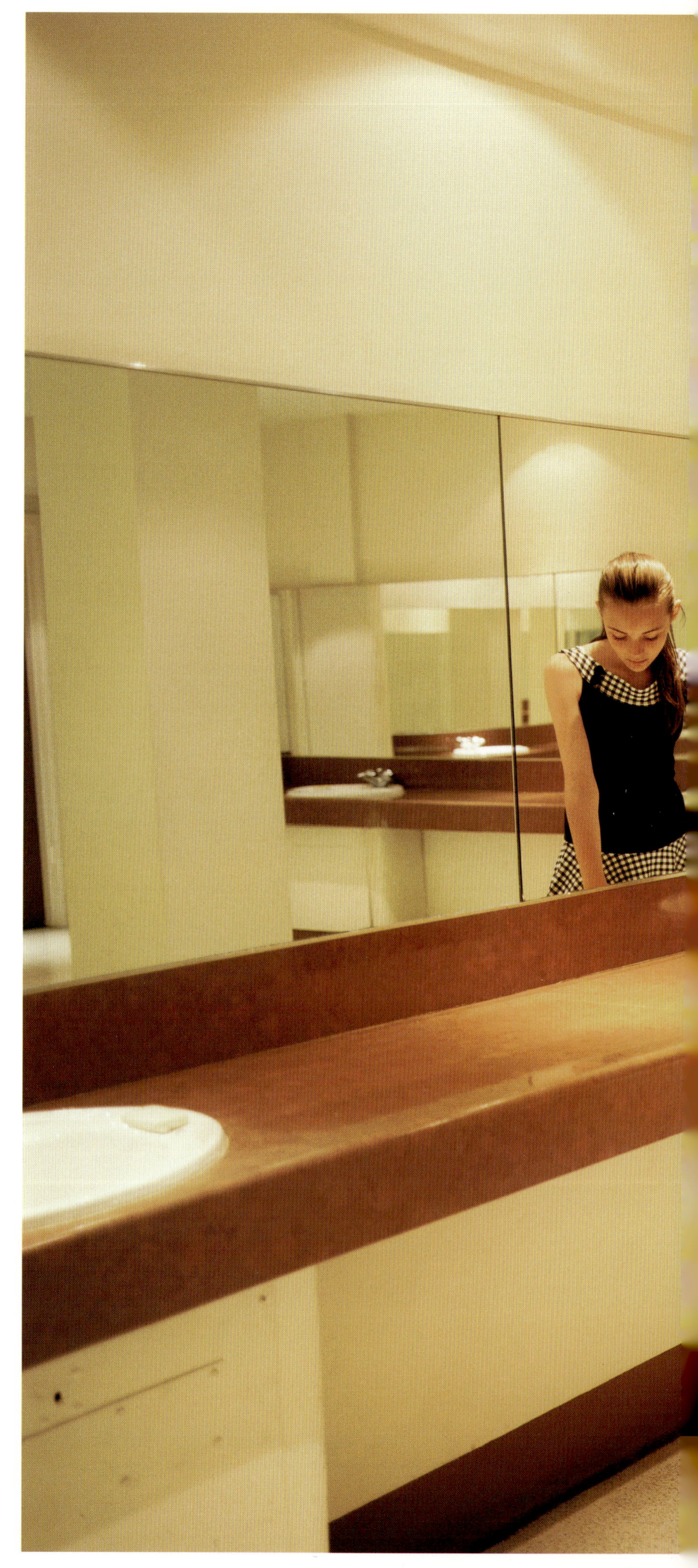

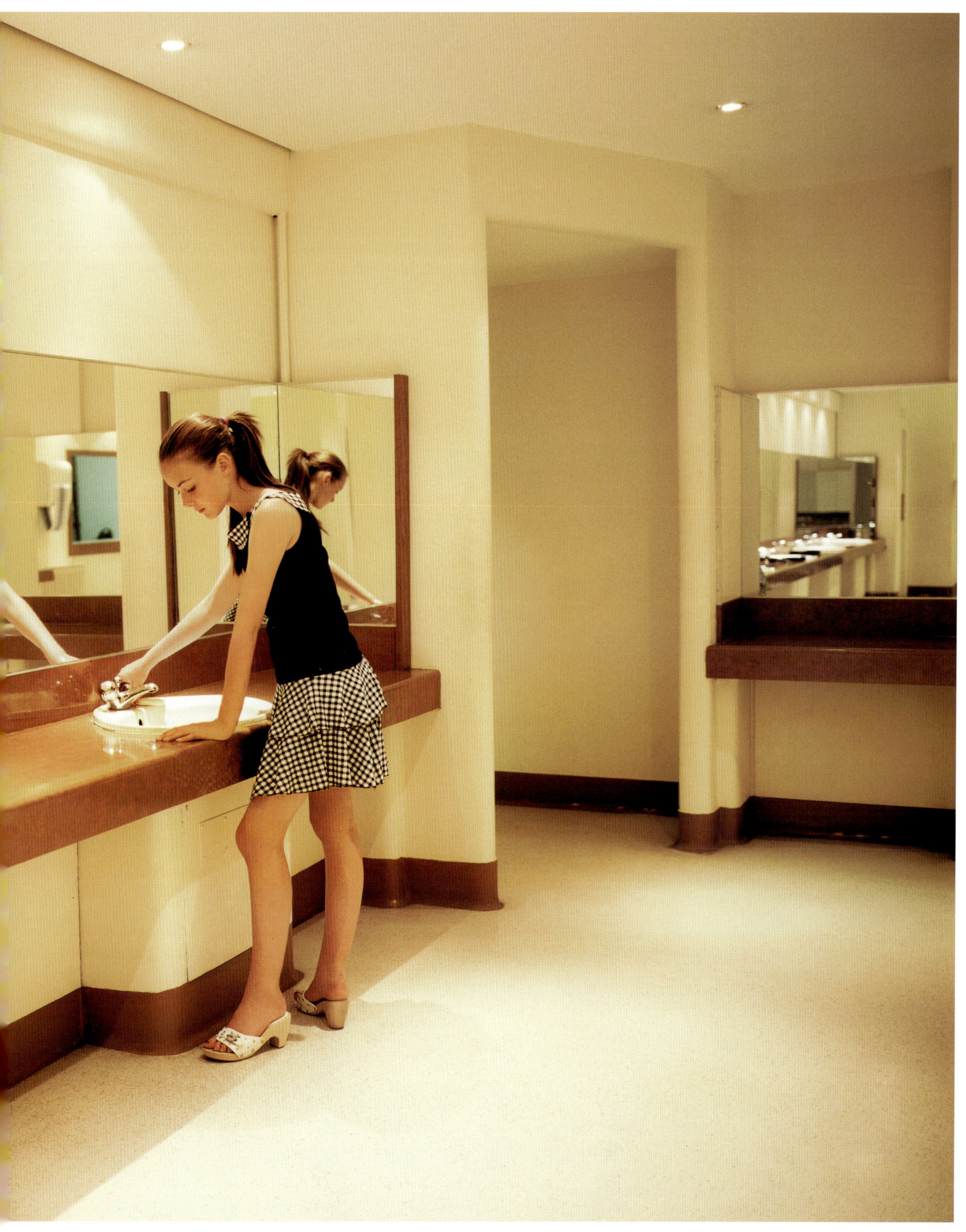

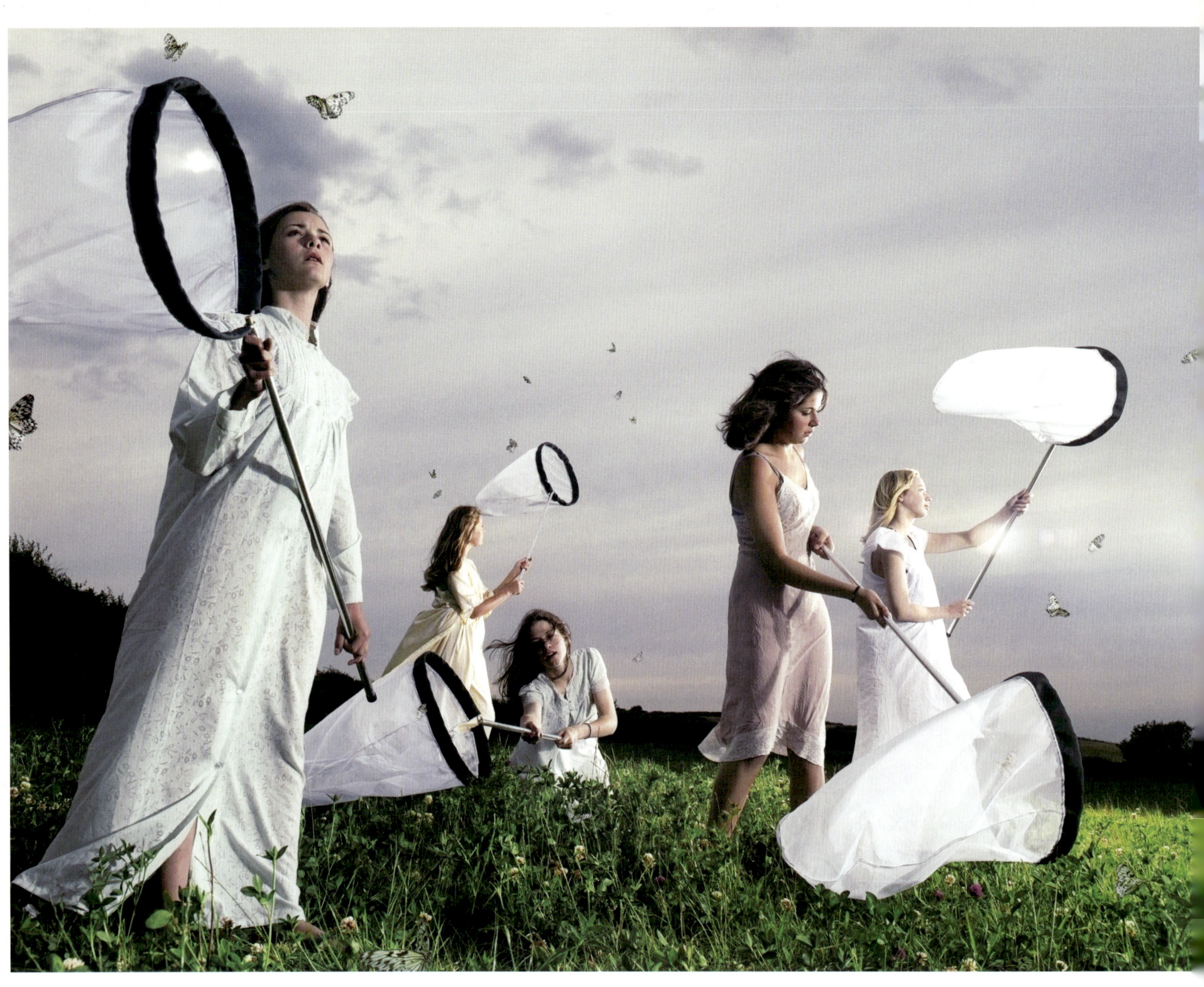

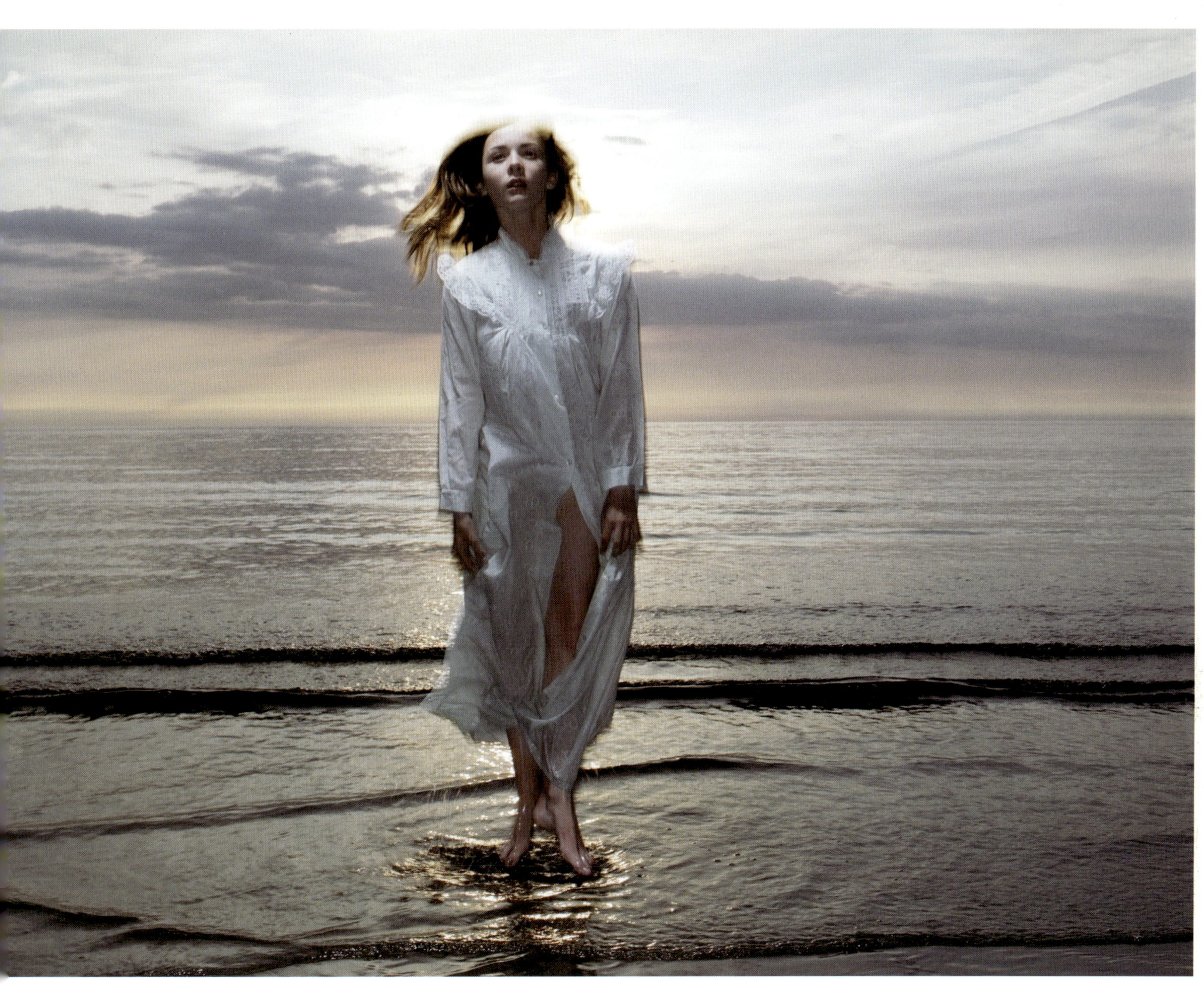

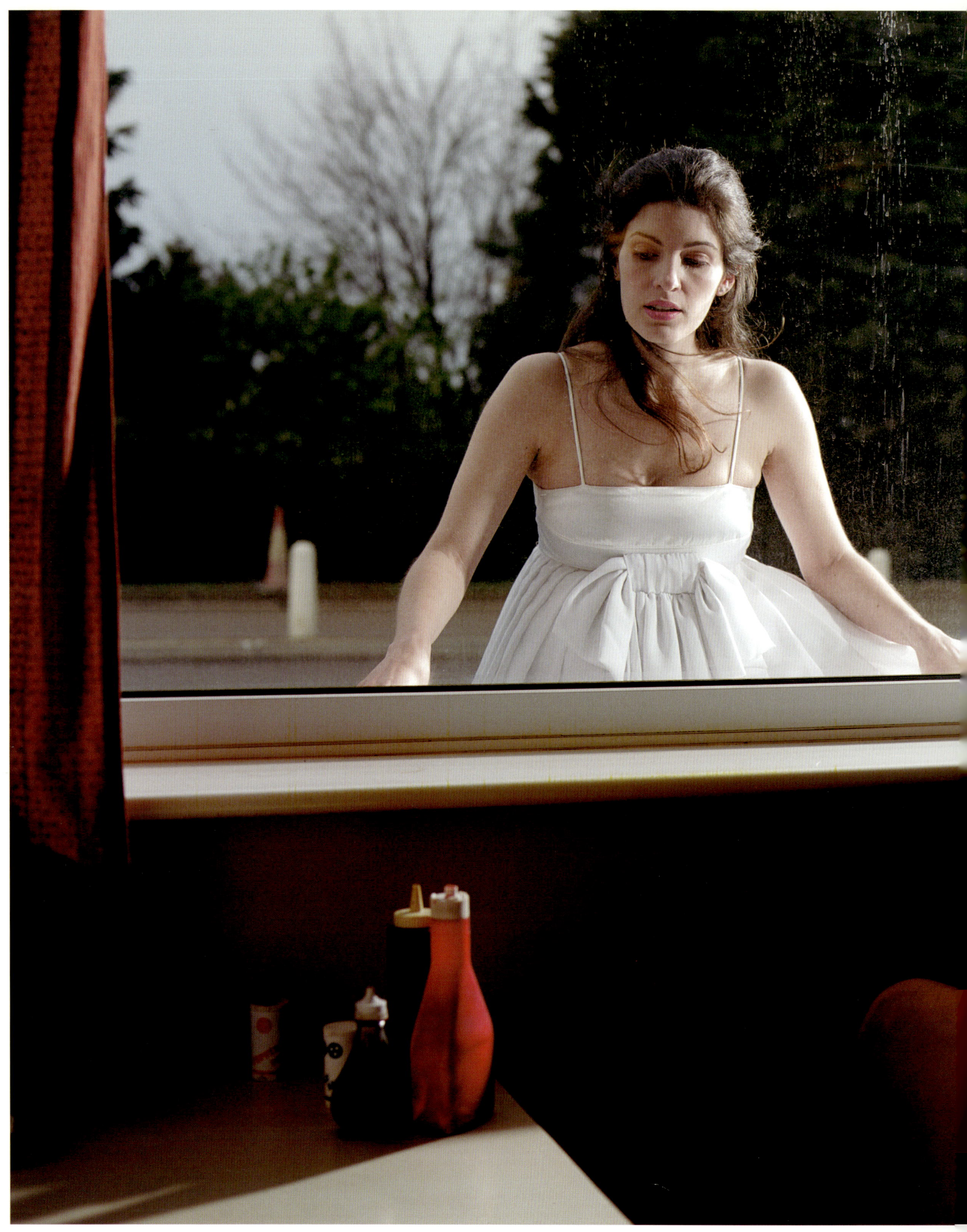

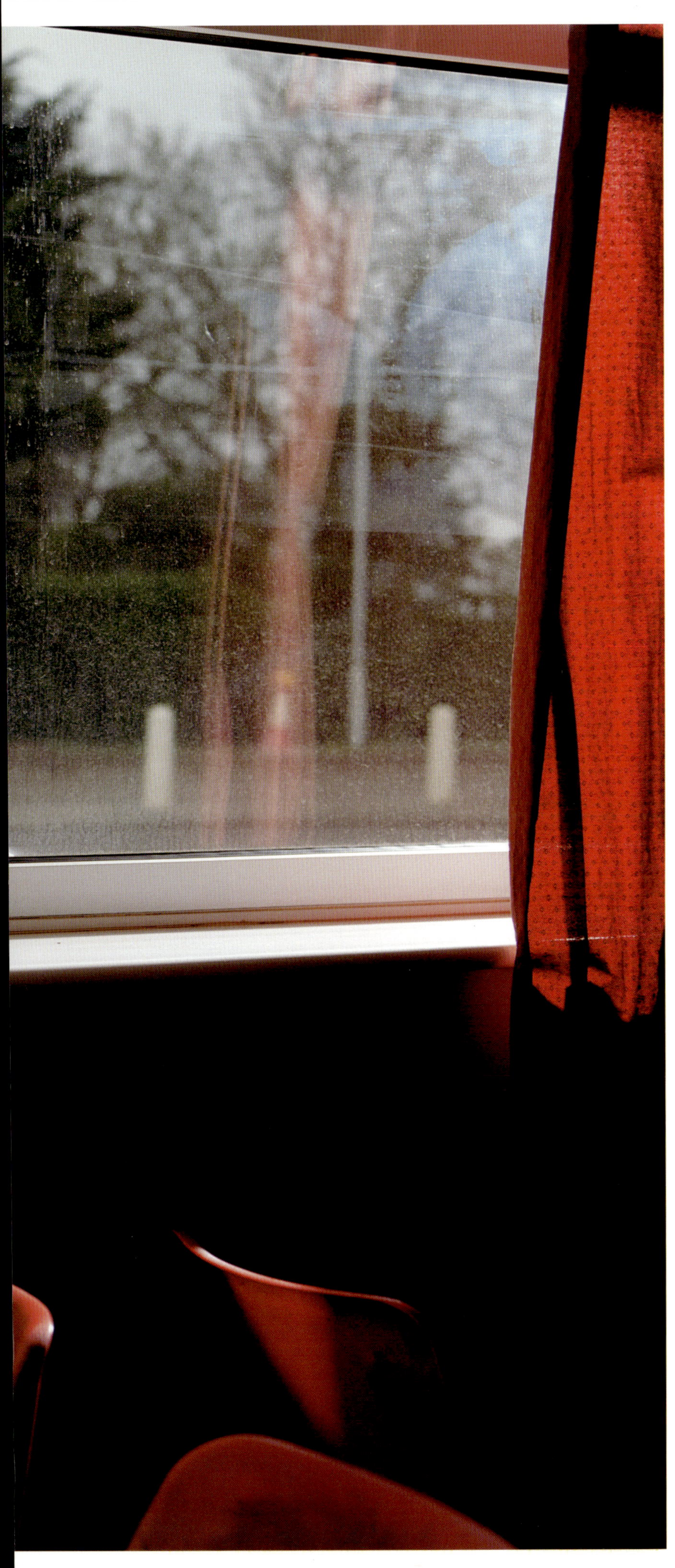

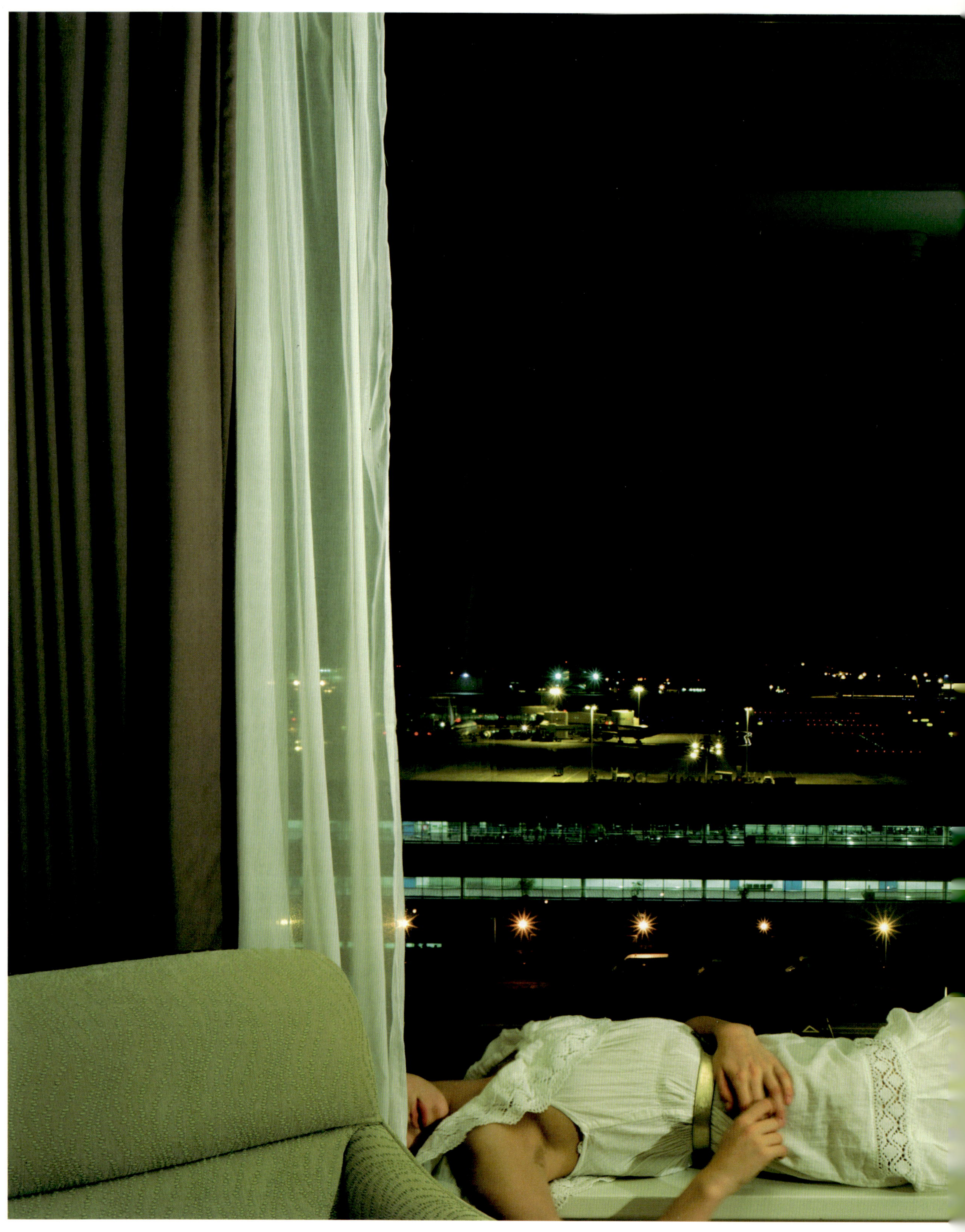

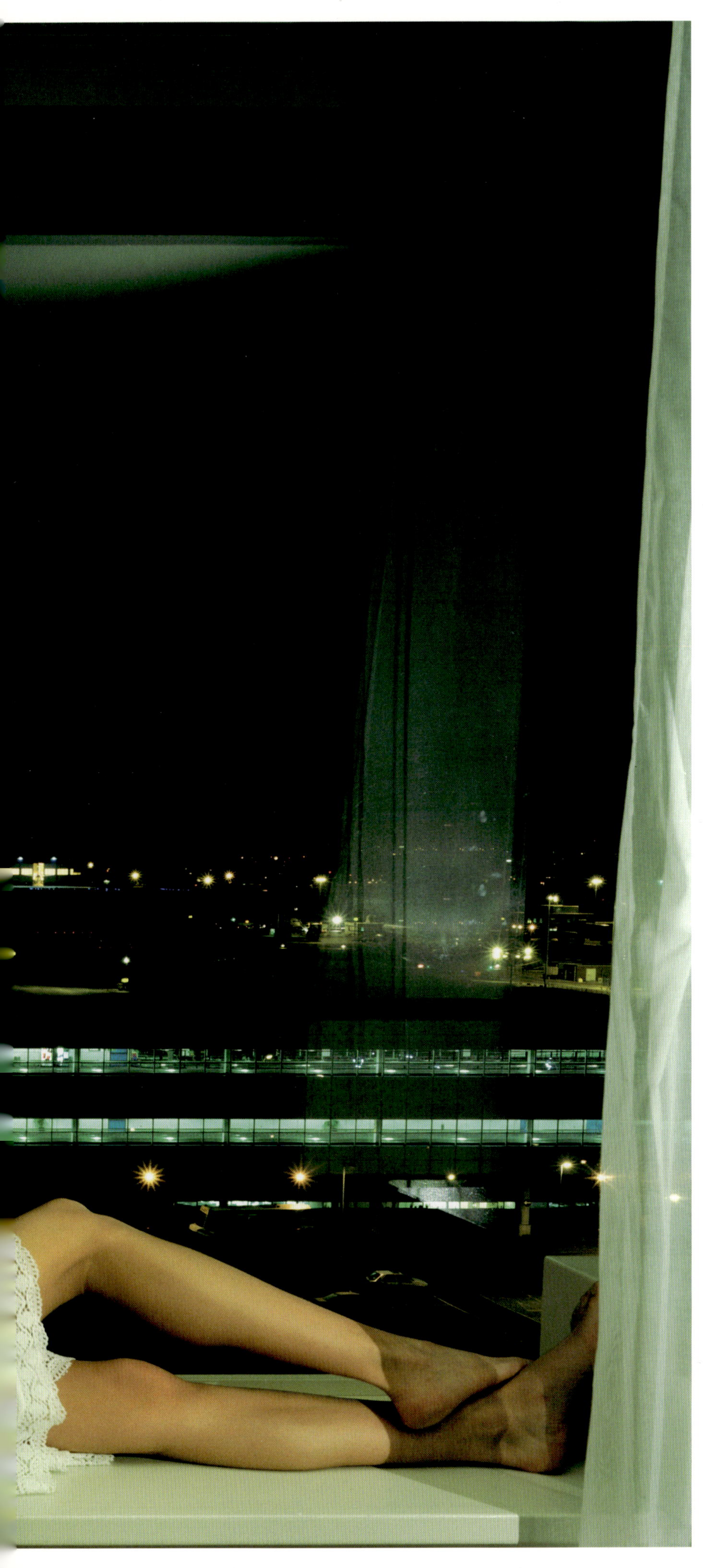

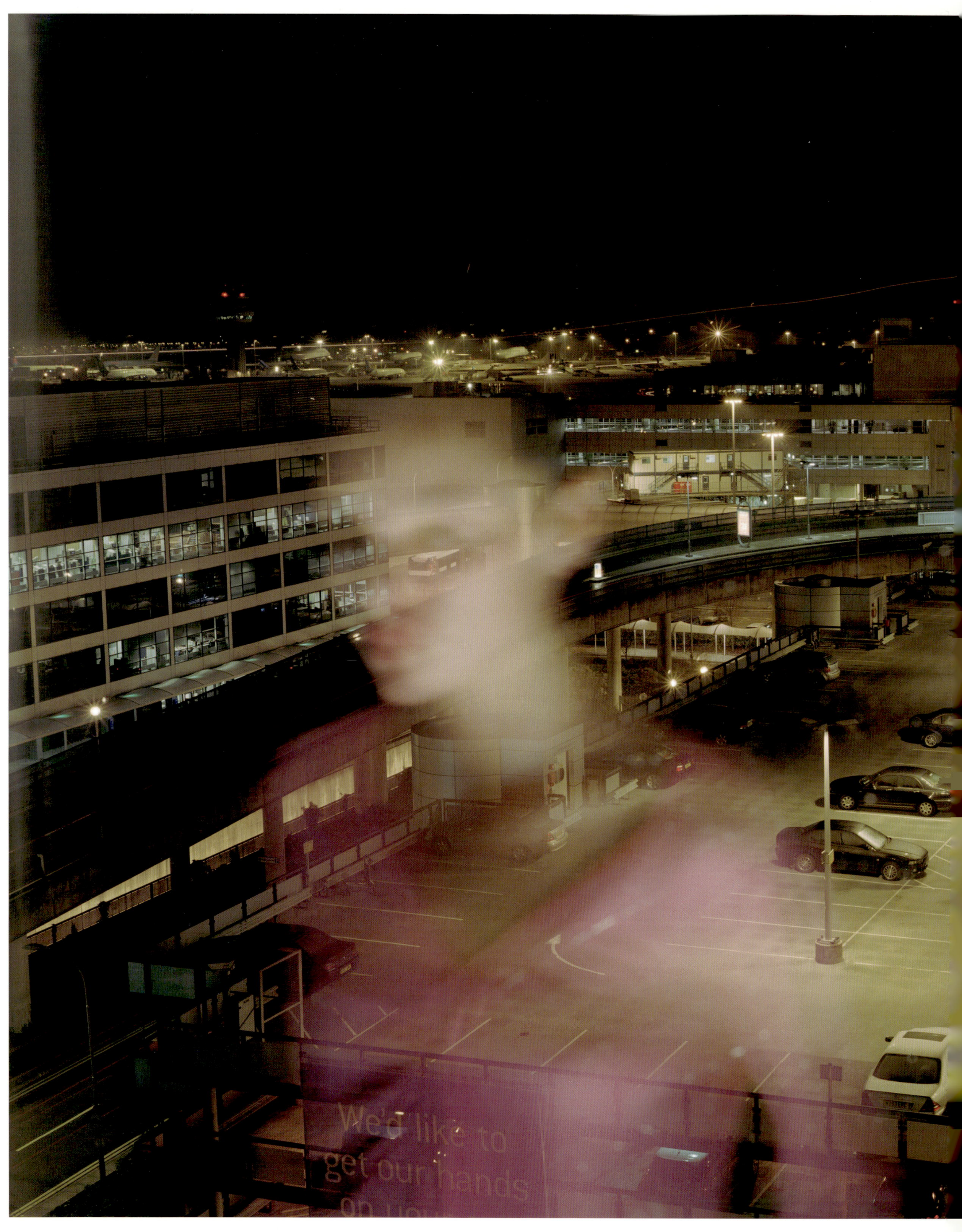
We'd like to
get our hands

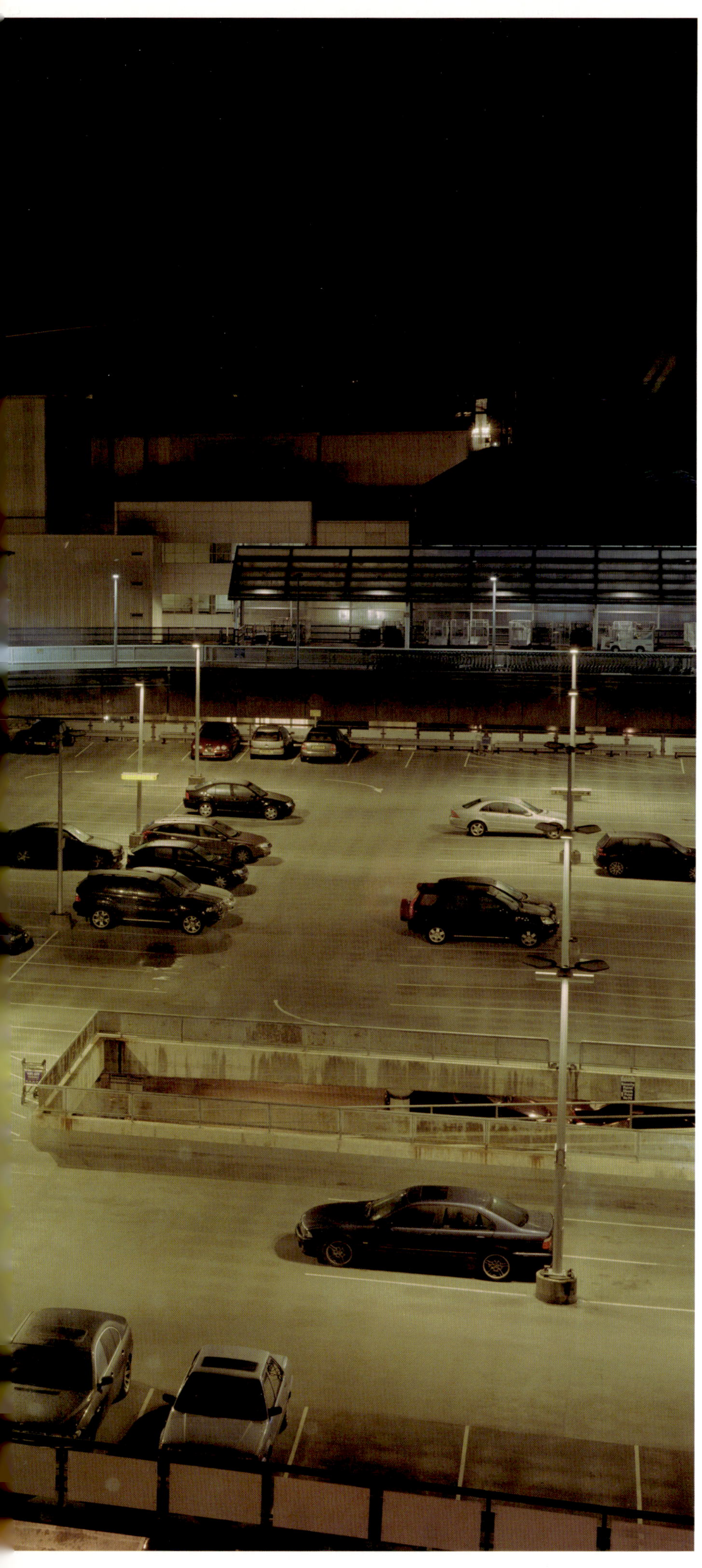

TEENAGE STORIES

PAR FRANCIS HODGSON

Une jeune fille traverse une place et marche sur un chewing-gum. Si vous voyiez la scène, vous la remarqueriez à peine ou, en tout cas, vous l'oublieriez très vite. Ce n'est pas une catastrophe, ni même ce que l'on peut appeler un événement. Et pourtant il n'en faut pas davantage à Julia Fullerton-Batten pour nous faire réfléchir à cet état que connaissent toutes les jeunes filles au moment de ce passage difficile entre l'enfance et l'âge adulte. C'est un grand sujet et Fullerton-Batten s'y sent parfaitement à l'aise. L'une des premières choses que l'on peut dire est qu'elle fait à ses spectateurs l'honneur de supposer qu'ils réfléchiront spontanément en regardant les photos. Elle nous laisse volontairement tenter de déchiffrer les ambiguïtés de ses photographies et n'est pas du genre à nous asséner un message et à nous abandonner. Au contraire, elle aime à nous présenter des personnages et des situations et à nous inviter à les suivre. Plus que la plupart des autres photographes, Fullerton-Batten fait appel à l'intelligence et à la participation des spectateurs.

Peu de sujets sont davantage photographiés que les jeunes filles ou les jeunes femmes. Nous vivons dans une société qui semble parfois gouvernée par les photos de femmes. Des gâteaux aux autobiographies, des astuces marketing les plus éculées aux techniques les plus récentes, elles sont présentes partout. Parvenir à dire quelque chose de nouveau au cœur de cette masse indistincte relève déjà de l'exploit, mais Julia Fullerton-Batten a trouvé un sujet et une manière de le traiter qui nous interpellent totalement.

Elle possède la vision d'un photographe commercial. Utilisant son appareil photo avec une précision extrême, elle ne craint pas de diriger une équipe d'assistants ou de mettre en place des lumières sophistiquées. Cependant, alors qu'un photographe commercial utilise ces outils pour parvenir à la simplicité, Fullerton-Batten réussit à atteindre une exquise complexité. Si l'on étudie la volonté de Julia Fullerton-Batten d'explorer les grands sujets en détail, l'on constate que clarté ne rime pas nécessairement avec manque de subtilité. Elle n'utilise pas encore les immenses équipes d'un Gregory Crewdson, mais elle partage notamment avec lui le désir de laisser son empreinte sur le plus petit détail de chacune de ses photos. Aucun n'est dû au hasard.

Malgré ce déferlement quotidien d'images de jeunes filles qui ont cessé de nous surprendre, Fullerton-Batten traite d'un sujet généralement plus abordé par la littérature ou le cinéma. L'adolescence, cette phase de transition, semble nécessiter un vecteur tenant compte du temps. Tout en sachant pertinemment que ses photos ne sont pas des moments uniques, Fullerton-Batten a réussi à en faire des plans fixes. Elle me rappelle parfois le grand Bernard Plossu, qui semble avoir le don de photographier l'instant où le présent devient mémoire. Mais alors que lui photographie toujours le point de départ, comme s'il se retournait en continuant à avancer (et alors que les clichés ordinaires fixent ce qui n'est pas encore un souvenir pour y revenir plus tard), Fullerton-Batten prend les souvenirs et les transforme en images totalement abouties. Elle reconnaît volontiers qu'une bonne partie de ses photos sur l'enfance lui ont été inspirées par sa propre expérience. Comment pourrait-il en être autrement ? Mais elle ne reproduit pas les incidents ni les événements. Elle explore un état d'esprit qui est intéressant précisément parce qu'il s'ignore. Que ce soit en raison d'une certaine maladresse, des changements hormonaux ou simplement de la charge émotionnelle qui s'ajoute à la masse des nouvelles choses que les adolescentes doivent traverser, les jeunes filles de Fullerton-Batten sont en instabilité perpétuelle. Ainsi les attitudes enfantines de l'une, affalée sur un canapé ou faisant le poirier, jupe rabattue sur le visage, répondent-elles aux poses timides et rigides de la suivante. Confiance et insécurité se côtoient, mais pas toujours de manière prévisible. Il n'est en aucun cas évident que les jeunes femmes soient plus certaines de leur place et de leur pouvoir dans le monde que ne le sont les jeunes filles. Dans le monde de Julia Fullerton-Batten, l'enfance avait ses propres certitudes.

Ces photographies n'ont pas de sujet unique (elles sont bien plus complexes que cela), mais jouent chacune avec l'idée de gêne. Les jeunes filles sont généralement des anonymes, il n'y a aucun modèle professionnel. Elles ont forcément des poses très affectées. Mais elles jouent aussi un rôle, celui de jeunes adolescentes gênées qui s'oublient parfois dans le rêve ou l'imagination. C'est complexe et difficile. Fullerton-Batten travaille lentement, mais elle doit aussi réagir promptement pour capter leur humeur changeante au fur et à mesure de leurs passages devant son objectif. Contrairement aux photographes travaillant avec des mannequins, elle ne cherche pas à saisir leur physique, mais quelque chose de beaucoup plus fugace.

On peut penser que ce n'est pas nouveau : les photographes s'intéressant aux jeunes gens ont toujours tissé des liens étroits avec leurs modèles. D'un côté, l'on trouve les éternels jeux d'un

Bruce Weber ou d'un David LaChapelle, jamais plus heureux que parmi leurs jeunes amis, mettant tout en œuvre pour parodier l'innocence. L'on pense aussi à Larry Clark, tellement plus intelligent que ces pauvres gamins de Tulsa, et réussissant impitoyablement sa vie alors qu'ils perdaient la leur. D'un autre côté, l'on peut songer aux nus de Jock Sturges ou Sally Mann, qui ne tombent pas nécessairement dans l'exploitation, mais n'en dégagent pas moins une désagréable impression de voyeurisme. Le point de départ est toujours le même : l'on invite le spectateur dans le monde du photographe et le réalisme de cette invitation est supposé garantir la précision de la pensée, que les scènes soient imaginaires ou réelles. Il faut bien l'admettre, il y a généralement une certaine part d'exploitation, et pas seulement des modèles. Dans la plupart de ces cas, le spectateur est invité à regarder, mais pas à participer pleinement au processus de création.

Parfois, mais parfois seulement, cela fonctionne, même si l'exploitation n'a pas disparu. A ses meilleurs moments, Nan Goldin se montrait aussi mélancolique sur les douloureuses vérités de la jeunesse que n'importe qui d'autre et, dans un registre totalement différent, Bernard Faucon semblait assez généreux pour transposer ses propres rêves dans ses œuvres. Il faut néanmoins établir des distinctions. Il y a de simples images. Il y a des images autobiographiques, dans lesquelles le photographe et son sujet ne font qu'un. Et il y a le groupe auquel appartient Fullerton-Batten, celui dans lequel les personnages photographiés sont les acteurs de la pièce inventée par le photographe. Les jeunes filles de ces photos sont deux choses à la fois. Elles sont des jeunes filles (parfaitement réelles) jetées dans un environnement étrange et réagissant à leur manière. Mais elles incarnent dans le même temps des pensées adultes qui ne sont pas les leurs mais celles de Fullerton-Batten, sur l'état dans lequel elles se trouvent. La tension qui se dégage de ces photos naît du contraste entre ces deux rôles.

C'était une bonne idée de ne pas utiliser des mannequins pour ces photos. Les jeunes filles et la photographe saisissent exactement la différence entre le plaisir d'être regardées (et le provoquent même) et le fait de se promener sans prêter attention au monde extérieur. Cette attitude me semble tellement correspondre au moment de transition entre l'enfance et l'âge adulte que je me demande qui a jamais auparavant réussi aussi bien à capter cet instant. D'autres ont bien sûr travaillé dans des domaines voisins. Sophie Calle, Mari Mahr, Rineke Dijkstra... Je pense aussi à Elaine Constantine et même à Corinne Day. Nous parlent-elles de la famille ou de leur famille ? De l'amitié entre filles ou de leurs propres amies ? Le simple fait d'évoquer ces noms donne toutefois une idée du niveau atteint par Julia Fullerton-Batten sans aucun battage. S'agit-il d'un travail autobiographique, au sens strict du terme ? Je ne sais pas. Il est en tout cas extrêmement personnel, sensible et émouvant, d'une très grande finesse, parfois drôle et pouvant se regarder à l'infini.

Une partie du travail effectué par Julia Fullerton-Batten n'est pas si complexe. J'aime la beauté de l'idée de prendre des photos dans un village modèle. Dès que l'on voit ces jeunes filles géantes, manifestement trop grandes pour le monde dans lequel elles sont, la justesse de cette décision saute aux yeux.

Elle aurait sans doute pu obtenir les mêmes effets avec des collages ou en utilisant Photoshop, mais dans ce cas, elle aurait perdu le réalisme de ces images. Ses références n'ont finalement guère d'importance. *Les Voyages de Gulliver* ou *Alice au pays des merveilles*, l'on peut voir aisément ses précurseurs. Les références aux contes de fées ne manquent pas, de Hansel et Gretel se confrontant à l'horreur de la réalité dans une maison en pain d'épices à Jack et son Haricot magique. Ce qui compte vraiment, c'est la vérité psychologique de ces portraits. Non seulement ces géantes se trouvent dans un monde qui les limite physiquement, mais elles jouent aussi une pièce mélodramatique rythmée par la petite musique du train-train quotidien. Le simple fait de prendre une bouteille de lait le matin peut être interprété comme un symbole sexuel. Aller au supermarché devient une aventure picaresque, et un simple voyage une véritable odyssée. Une pièce d'eau, port ou canal, peut devenir le cadre de la tragédie d'Ophélie.

Cette matérialité au sens large est extrêmement précise. Si ces adolescentes passent en effet une partie de leur temps *languissant d'ennui au plus beau moment de la vie, de seize ans jusqu'à vingt*[1], elles en passent bien davantage en pleine conscience des changements qui s'opèrent dans leur corps. L'acquisition de la maturité physique leur confère un réel pouvoir. Mais la manière de savoir contrôler ce pouvoir ne leur vient pas nécessairement immédiatement. Je ne crois pas qu'il soit vraiment utile de passer en revue chaque image à la recherche du détail le plus pertinent. Pourquoi y a-t-il une biche sous un pont ? Quels sont donc ces bois où apparaissent ces minuscules villes magiques ? Pourquoi cette petite fille arrose-t-elle une fenêtre? Qu'est-ce qui a fait tomber la fillette portant les œufs ? Certains photographes attendent que l'on mettent ces détails en mots et, une fois la tâche accomplie, l'image est tellement vidée de sa substance que l'on n'a plus besoin (ou l'on ne peut plus) la regarder. Fullerton-Batten laisse ces choses inexpliquées, libre à nous de les élucider ou non. Et c'est précisément cela qui nous incite à vouloir les observer toujours aussi attentivement à la troisième ou à la dixième reprise. C'est une photographie finalement très visuelle. Ce n'est pas la version compressée d'un texte, un cadre en longueur.

1. En français dans le texte, extrait de Stendhal, *Le Rouge et le Noir*.

L'on remarque que Julia Fullerton-Batten photographie très rarement l'immensité du ciel. Lorsque l'on voit l'horizon, comme sur la photo avec la fillette apparemment trop grande pour l'océan, debout au bord de l'eau, il s'agit d'un ciel neutre et uniforme comme un décor. Les piscines représentent une forme de liberté, mais elles sont toujours limitées par un mur en arrière-plan. Nous sommes dans un monde de géantes, mais, d'une manière ou d'une autre, nous finissons toujours par regarder en bas. En d'autres termes, la photographe n'a pas abandonné ses images aux actrices qui les composent.

Ces œuvres offrent une grande originalité, mais elles sont aussi extrêmement maîtrisées. Nous voyons immédiatement que Fullerton-Batten sait très bien laisser des choses non dites, souvent la partie la plus difficile de la photographie. De la même manière qu'il existe des tensions dans les sujets choisis, il y en a dans sa façon de les représenter. Comment une artiste aussi attachée à la clarté peut-elle demeurer aussi mystérieuse ? Nul effet visuel de brume ou de flou : juste les classiques réglages de la lumière et de l'ombre subtilement maîtrisés pour parvenir à ces grands clichés composés à la perfection. Je vois exactement ce que fait cette fille et je peux même presque suivre sa pensée, mais je n'ai pourtant aucune réponse. C'est en ce sens que je crois que Julia Fullerton-Batten se rapproche davantage d'un poète que d'un auteur de prose, à moins qu'elle ne soit un parolier : l'allusion est toujours de mise, nul besoin d'explication.

Ces photos sont-elles tournées vers l'avenir ou le passé ? Saluent-elles l'entrée dans l'adolescence d'une nouvelle génération de jeunes filles ou illustrent-elles le regard d'une adulte ? Il est très rare qu'un artiste qui propose autant d'interprétations à son travail tout en se montrant aussi précis réussisse à dire les choses sans les nommer. Pour la photographie, qui est désormais le reflet de la réalité et qui est censée reproduire les faits réels par la simple action de la lumière, il s'agit d'un profond changement. Alors que depuis quelques années circulent des rumeurs selon lesquelles elle ne sera plus jamais la même car le public ne lui fait plus confiance, ces œuvres représentent une avancée. Certes, ces scènes ne sont pas réelles, tout le monde peut le voir. Mais elles témoignent d'une véritable compréhension, d'un réel désir de communiquer, d'un réel talent.

Il n'y a aucune raison de ne pas comprendre ces images. Comme toute œuvre réussie, elles sont à la fois accessibles à tous et en language courant . Elles utilisent des références culturelles compréhensibles par tous, sans toutefois perdre une once de leur subtilité. Rien de ce que souhaitait dire Julia Fullerton-Batten n'a été omis parce que son support ne le lui permettait pas ou parce qu'elle n'en avait pas le talent. Elle nous guide avec une extrême délicatesse sur l'épineux chemin de toutes les œuvres déjà réalisées sur l'adolescence et nous en sortons sans une égratignure.

TEENAGE STORIES

BY FRANCIS HODGSON

A young girl walking across a town square gets chewing gum on her shoe. If you saw it happen, you would hardly notice, or if you did, you'd forget it just as soon. No drama, not even really what you might properly call an event. Yet it takes no more than that for Julia Fullerton-Batten to start making us think about the whole peculiar state of being a girl at that difficult time between childhood and womanhood. It's a big subject, and Fullerton-Batten is completely at home with it; one of the first things to say about these pictures is that Fullerton-Batten offers to her viewers the compliment of assuming that we will think as well as simply see. Quite happy to leave ambiguities in her pictures for us to unravel as we can, she is not the kind of photographer who wants us to 'get' a message and then leave. On the contrary, she likes to introduce us to characters and situations and invite us to develop them. More than most photographers, Fullerton-Batten demands active intelligence from her viewers.

Few subjects are more photographed than girls or young women. We live in a society that sometimes seems actually to be powered by pictures of women. From cheesecake to autobiography, from the oldest sales trick to the newest fashion, these are the most overwhelmingly numerous of images of all. To have something new to say in all that mass is an achievement of its own, but Julia Fullerton-Batten has found a subject and a manner both wholly compelling.

She sees with the clarity of a commercial photographer. A highly accurate user of the camera, she is not frightened of controlling a team of assistants or an elaborate arrangement of lights. But where commercial photography uses all those skills to arrive essentially at simplicity, Fullerton-Batten revels in using them to arrive at a lovely degree of sensitive complexity. When you photograph with Julia Fullerton-Batten's determination to explore big subjects in detail, you discover that clarity need not involve any loss of subtlety. She does not yet use the huge feature-film crews of Gregory Crewdson, but among many things that she shares with Crewdson is the determination that every detail of the print shall be fully her responsibility. There are no accidents in these pictures.

Fullerton-Batten, in spite of the daily bombardment of pictures of girls that we all take for granted, is dealing with a subject more usually dealt with in words or on film. A transitional phase, adolescence seems to demand a medium with time built into it. Yet knowing well that her pictures are not of individual moments, Fullerton-Batten has happily and brilliantly taken them on in a series of stills. Sometimes she reminds me of the great Bernard Plossu, who has the gift of seeming to photograph the very moment when what you see shades into memory. But where Plossu is perpetually photographing on the point of departure, glancing behind him as he moves on, (and where ordinary snapshots take something which is not yet a memory and freeze it to be revisited later), Fullerton-Batten takes the memories and turns them into fully realized images. She admits cheerfully that a good part of her series on girlhood is from her own experience, as indeed how could it not be? But she is not remaking incidents or events. She is exploring a state of mind which is interesting precisely because it does not know itself. Whether from social awkwardness or from sharp hormonal changes or simply from the kind of sensory overload that goes with the sheer volume of new things that teenage girls need to sort out, Fullerton-Batten's girls are in perpetual instability. So the childish sprawled poses of one instant, flopped off the sofa or shamelessly handstanding so the skirt tumbles over one's face, become the modest or coy poses of the next. Confidence and insecurity jostle each other in these pictures, but not always in the way we expect. It's not by any means clear that the young women are more certain of their place in the world and their power in it than the young girls. In Julia Fullerton-Batten's world, childhood had its certainties.

There is no single subject of these series (they're far more complex than that) but every picture toys with the idea of self-consciousness. The models are normally strangers street-cast for the purpose of the shoot. They are not professional models. Inevitably, they really are self-conscious. But they are also playing the parts of acutely self-conscious teenagers who sometimes lose their awareness of themselves in reverie or in fantasy. This is complicated and difficult. Fullerton-Batten works slowly, but she also has to be as quick as a kingfisher to spot their shifting moods as they progress through the shoot. Unlike most photographers working with most models, it is not their physique that she needs to capture, but something far more elusive.

You might think this is not so new: photographers of the young have always had models with whom they developed a strong understanding. At one end of the scale are the perpetual games of a Bruce Weber or a David LaChapelle, happiest among their gangs of pals, knowingly laying on everything needed for a little parody of innocence. Or one thinks of Larry Clark, so much cleverer than those poor kids in Tulsa, ruthlessly making his life as they lost theirs. In another direction one might think of the teenage nudes of Jock Sturges or Sally Mann, not necessarily deliberately exploitative, but uncomfortable viewing all the same. Always the basic premise is the same: invite the viewer into the photographer's own world, and the realism of the invitation will be supposed to act as some sort of guarantee of the precision of the thinking, whether the scenes are fantasy or fact. Usually, we have to admit, there is a degree of exploitation, and not only of the models. In most of these examples, the viewer is invited to see, but not to be wholly complicit in the manner of the making.

Occasionally, just occasionally, it works, even when there is still exploitation there. Nan Goldin at her best was as accurately elegiac about the painful verities of youth as anyone, and in another register entirely, Bernard Faucon seemed generous enough to give his own dreams to his subjects. Yet one needs to draw distinctions. There are straight-forward pictures of the subjects. There are properly autobiographical pictures in which photographer and subject are one and the same. And then there is the group into which Fullerton-Batten fits, where the people photographed are actors in the photographer's own drama. The girls in these photographs are two things at once. They are (perfectly genuinely) young girls thrown into a strange environment and reacting to it. But they are at the same time the representatives of grown-up thoughts that are not their own but Fullerton-Batten's about the changing state that they are in. In the contrast between those two roles lies the central tension of these pictures.

It was a good idea to use non-professional models for these series. Between them, her models and the photographer get exactly right the split between enjoying being stared at (even provoking it) and wandering about unaware of the outside world at all. This seems to me to correspond so well to a moment in the change from child to woman that I ask myself who has photographed such a thing so well before. Of course others have worked in areas that overlap with this. Sophie Calle, Mari Mahr, Rineke Dijkstra… I think of Elaine Constantine and even of Corinne Day. Do these people tell us about the family or their family? Friendships between girls or their own girl friends? But just mentioning those names gives an idea of the standard Julia Fullerton-Batten has reached without much fanfare. Is this autobiographical work, properly speaking? I don't know. But it's highly personal, evocative and moving, beautifully crafted, occasionally funny, and bears looking at again and again.

Some of what Julia Fullerton-Batten has done is not so complex. I like the elegance of the idea of shooting in a model village. As soon as you see these giant little girls, so obviously out-growing the world they have to fit into, the rightness of that decision is very obvious.

She might have achieved something of the same effects of scale with collage or with Photoshop, but if she had, she would have lost the vital realism of these pictures. The easy references don't matter much, either. Lemuel Gulliver or Alice in Wonderland, it is not hard to think of precursors. Fairy tales are full of differences of scale, from Hansel and Gretel finding real horror in a tiny ginger-bread cottage, to Jack climbing his Beanstalk. What matters is the striking psychological truth of these portraits. Not only are the girls giants in a world which physically restricts them, but they also act out melodramas of operatic scale within the confines of humdrum day-to-day life. Picking up a milk-bottle in the morning becomes fraught with the possibilities of sexuality. Going to the supermarket becomes a picaresque adventure and even simple travel an Odyssey. Any patch of water, harbour or urban canal, becomes a possible site for Ophelia's tragedy.

This enlarged physicality is surely accurate. For if teenage girls do indeed spend some of their time "languissant d'ennui au plus beau moment de la vie, de seize ans jusqu'à vingt[1]", they spend more in acute physical consciousness of their own changing bodies. Maturing bodies grant very real power. But the knowledge of how to control that power does not necessarily come at quite the right time.

I don't think there is necessarily much point in trying to gloss each picture for legible detail. Just why is there a deer coming under the bridge? What kind of a wood is it in which these magic tiny cities appear? Why exactly is the little girl spraying the window? What felled the girl carrying the eggs in the suburban close? Some photographers ask for those details to be turned into words, and when you've dutifully been through the exercise, you have gutted the picture and don't need to (or can't) look at it again. But Fullerton-Batten leaves these things unexplained except in so far as we ourselves choose to explain them. And that, in turn, makes them just as compelling to study the third and the tenth time as they were the first. This is photography, after all, richly visual. It isn't a compressed version of a text, one frame in length.

It is noticeable that Julia Fullerton-Batten very rarely gives us broad skies in these pictures. Even when the horizon is visible, as it is in the picture of the girl apparently too big even for the ocean, standing at the water's edge, it is a plain horizon, uninformative as a stage set. Swimming pools represent a certain freedom, but they always have sharply defined walls at the back. We are in a land of giant girls, but somehow we're still looking down. The photographer, in other words, has not relinquished control of her pictures to the actors within them.

1. Stendhal, Le Rouge et le Noir.

There is great originality here, but it's under very tight control. We can immediately see that Fullerton-Batten knows what to leave unshown, often the hardest part of photography. I find that just as there are tensions in her subject matter, there are tensions in her manner which complement them. How can a photographer of such startling clarity remain so thrillingly mysterious? No pictorial effects of blur or smear or mist here: just the precise classically photographic virtues of control over tone and shade, tidily crafted into big prints of perfect poise. I can see exactly what that girl is doing. I can almost see her thinking. Yet I still haven't been told an answer. To that extent, I suppose that Julia Fullerton-Batten is more like a poet than a prose writer, or perhaps a song-writer: allusion is her norm, explanation not necessary.

Do these pictures look forward or backward? Are they a welcome to adolescence to a new generation of young women, or a glance backwards by a fully grown one? It's a very rare artist who can leave so much open and yet still definitely have managed to say things worth saying. For photography, which grew up as the handmaiden of reality, and which was supposed to have fact steeped into the very fibres of its papers by the direct action of light, this is a profound change. At a time when for some years now we have heard rumblings that photography can never be itself again now that audiences cannot trust it to be real, this represents one way forward. Of course these scenes are not real, anyone can see that. Yet they are made of real understanding, a real desire to communicate, and real skill.

Nobody need be unable to understand these pictures. Like all the best photography, they are available and vernacular. They use cultural references which anybody can unravel. Yet they are not one iota less subtle for all that. There is nothing that Julia Fullerton-Batten wanted to say that she has been unable to say because of any lack in her medium or her skill in it. How delicately she has been able to lead us through the dense thickets of previous picture-making on girlhood, and lead us out without a tangle.

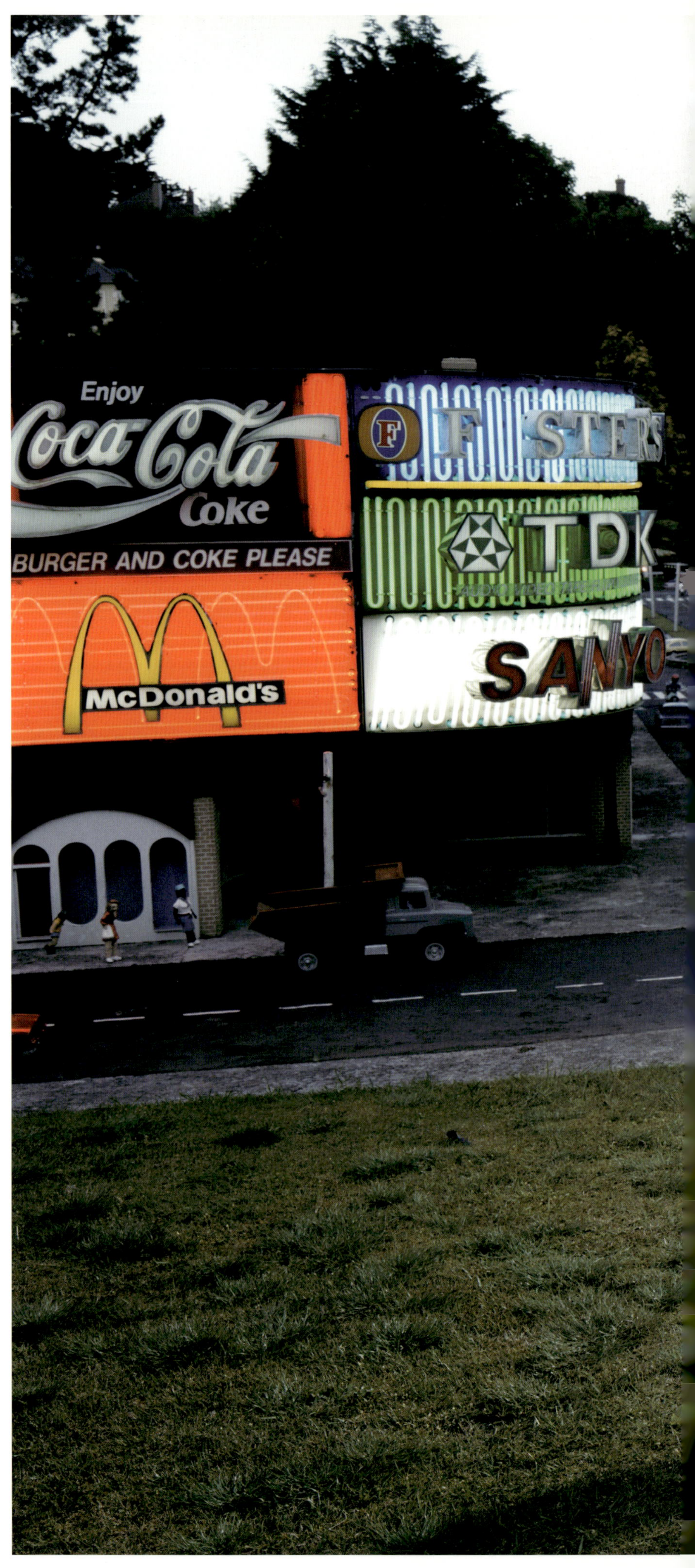
Enjoy
Coca-Cola
Coke
BURGER AND COKE PLEASE
McDonald's
TDK
SANYO

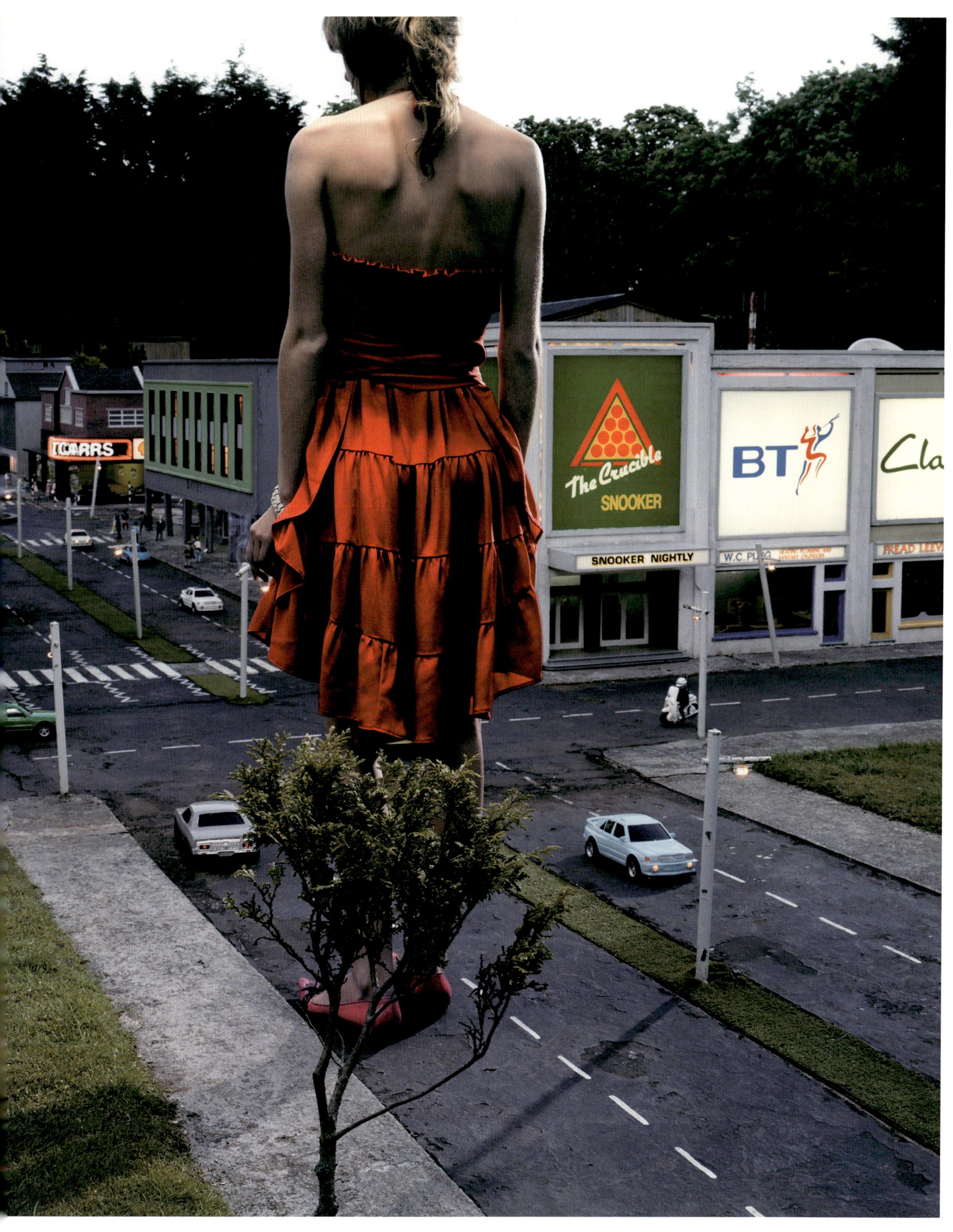

CARRS
The Crucible
SNOOKER
BT
SNOOKER NIGHTLY

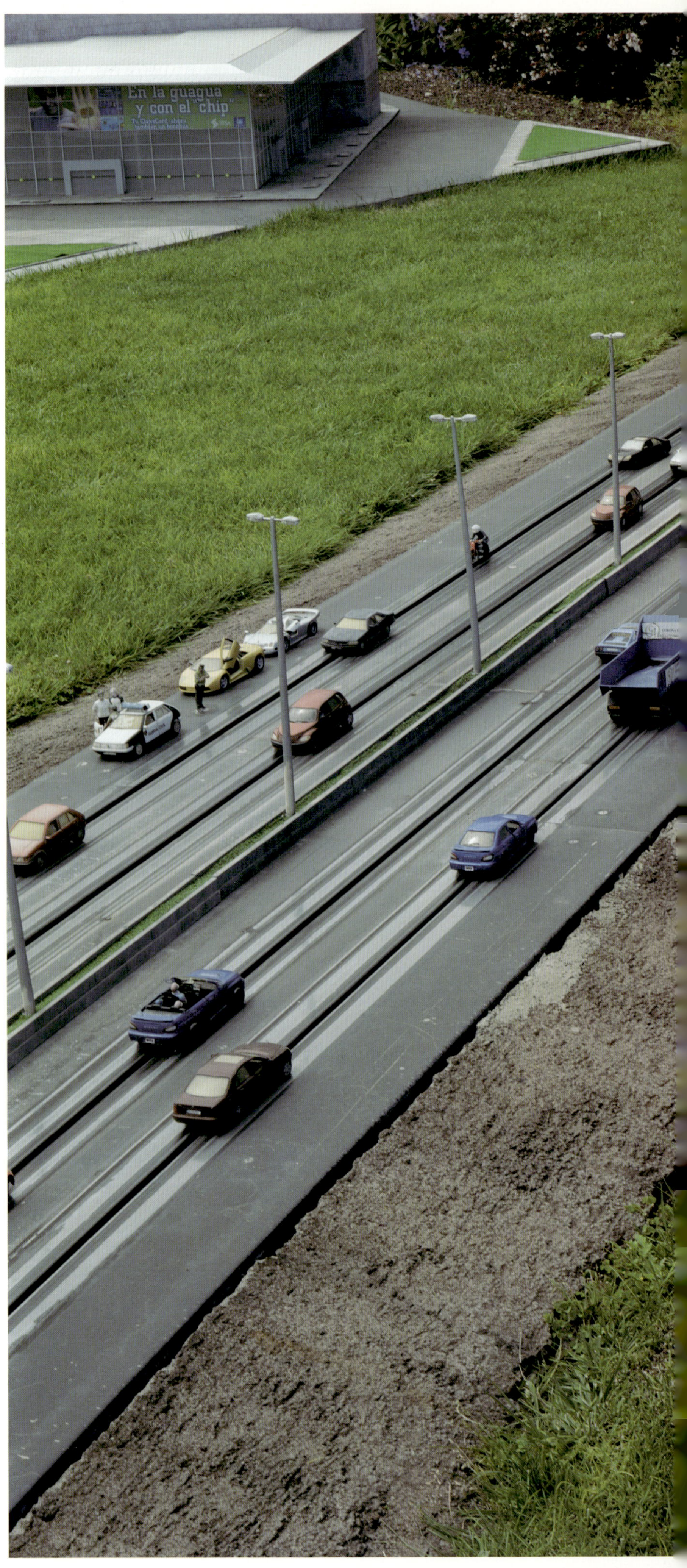
En la guagua
y con el "chip"

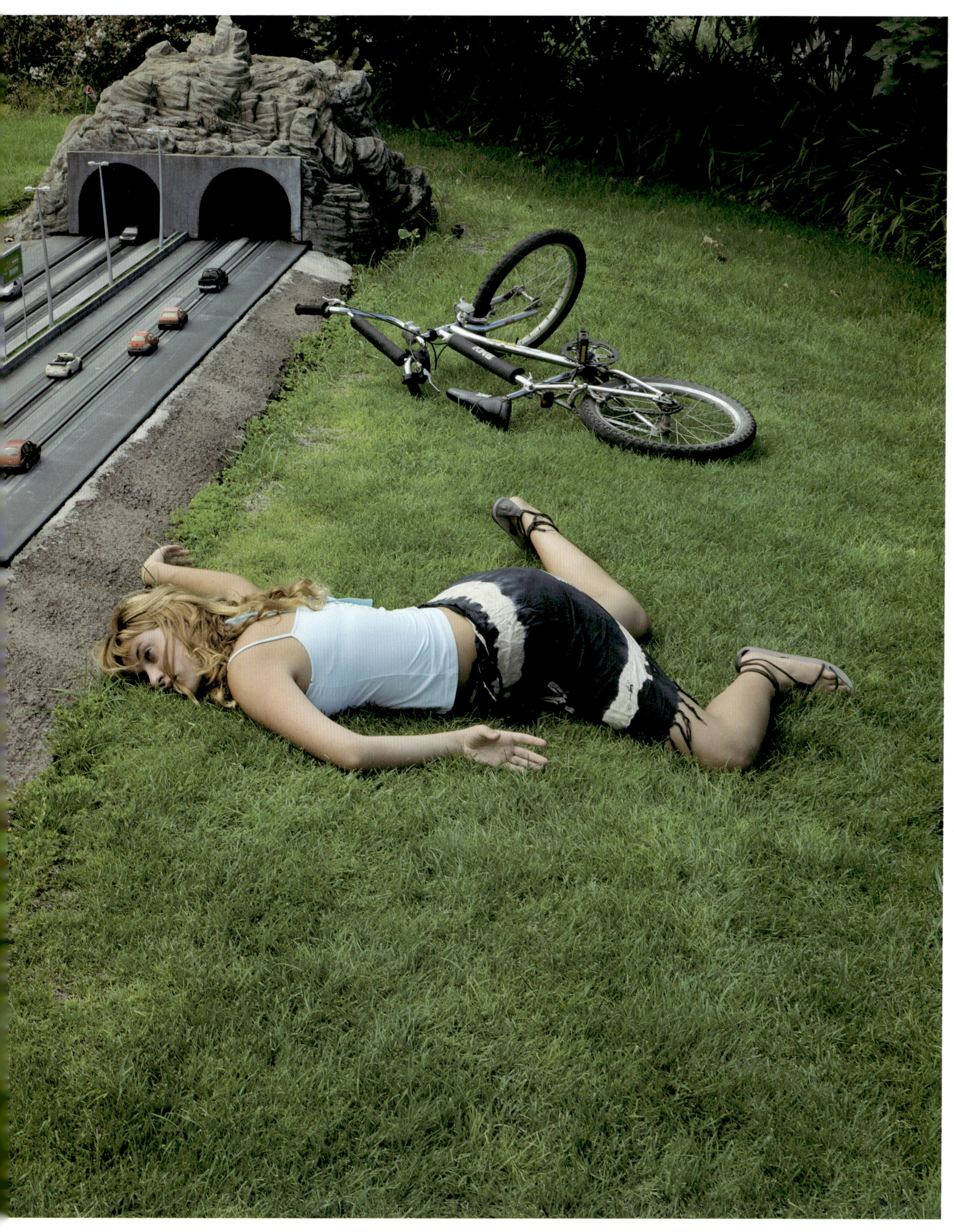

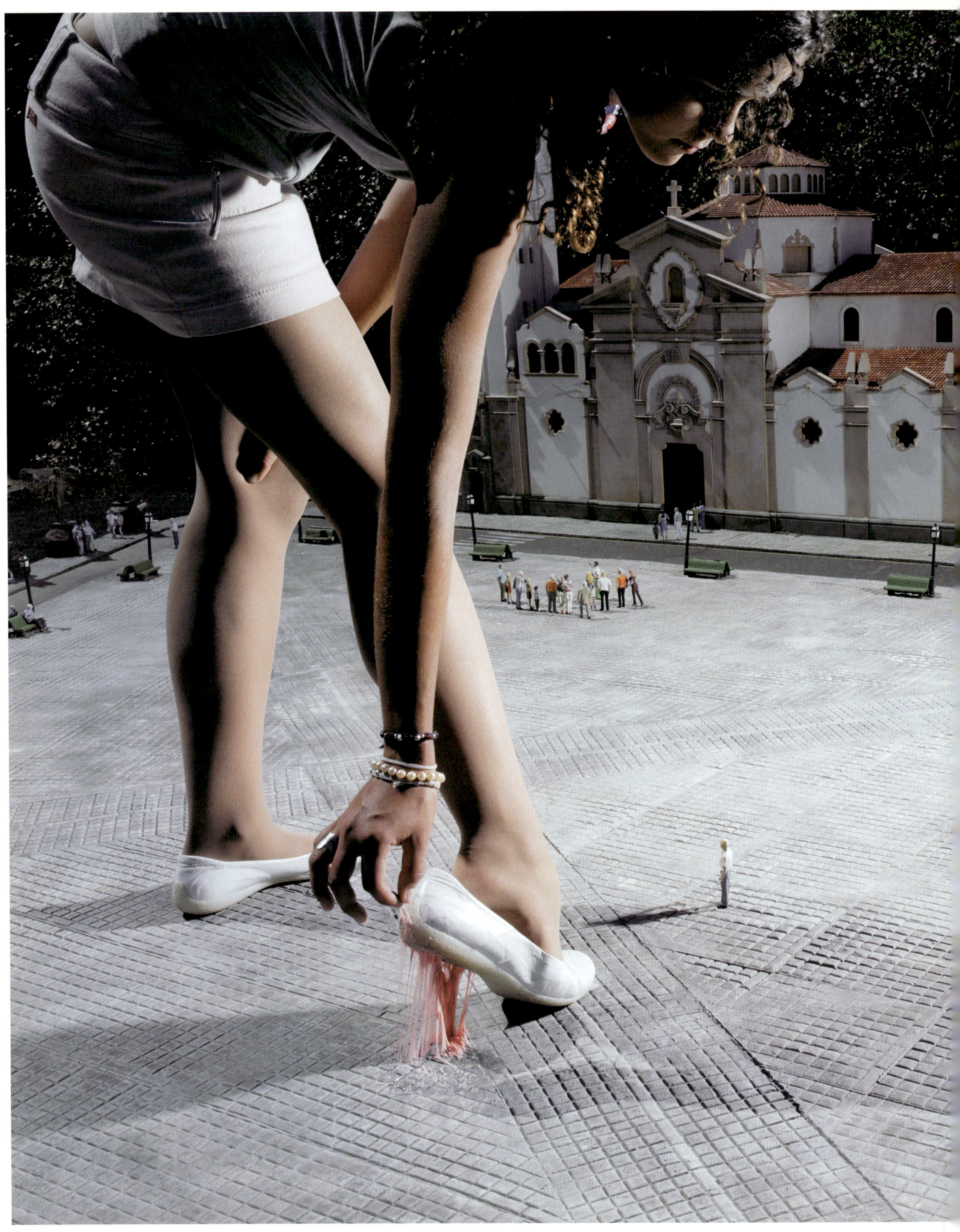

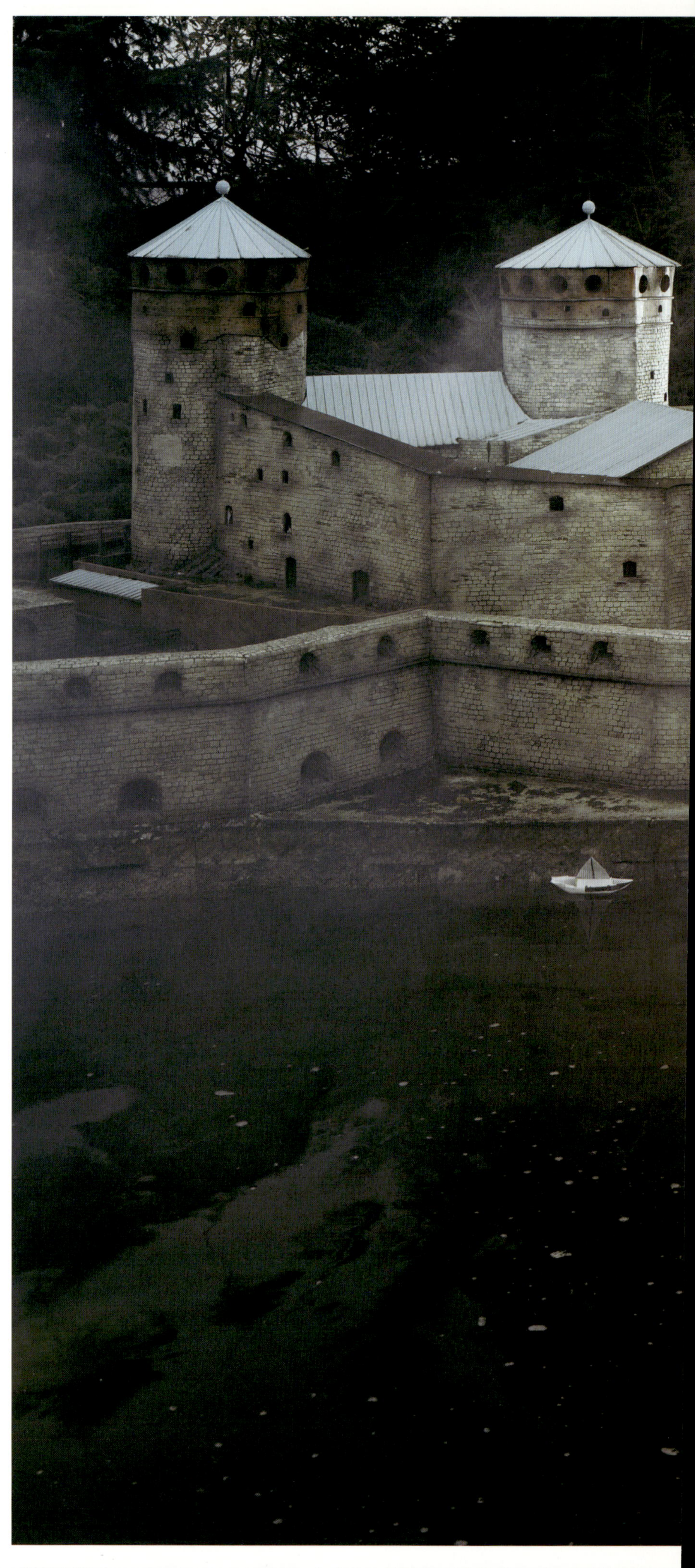

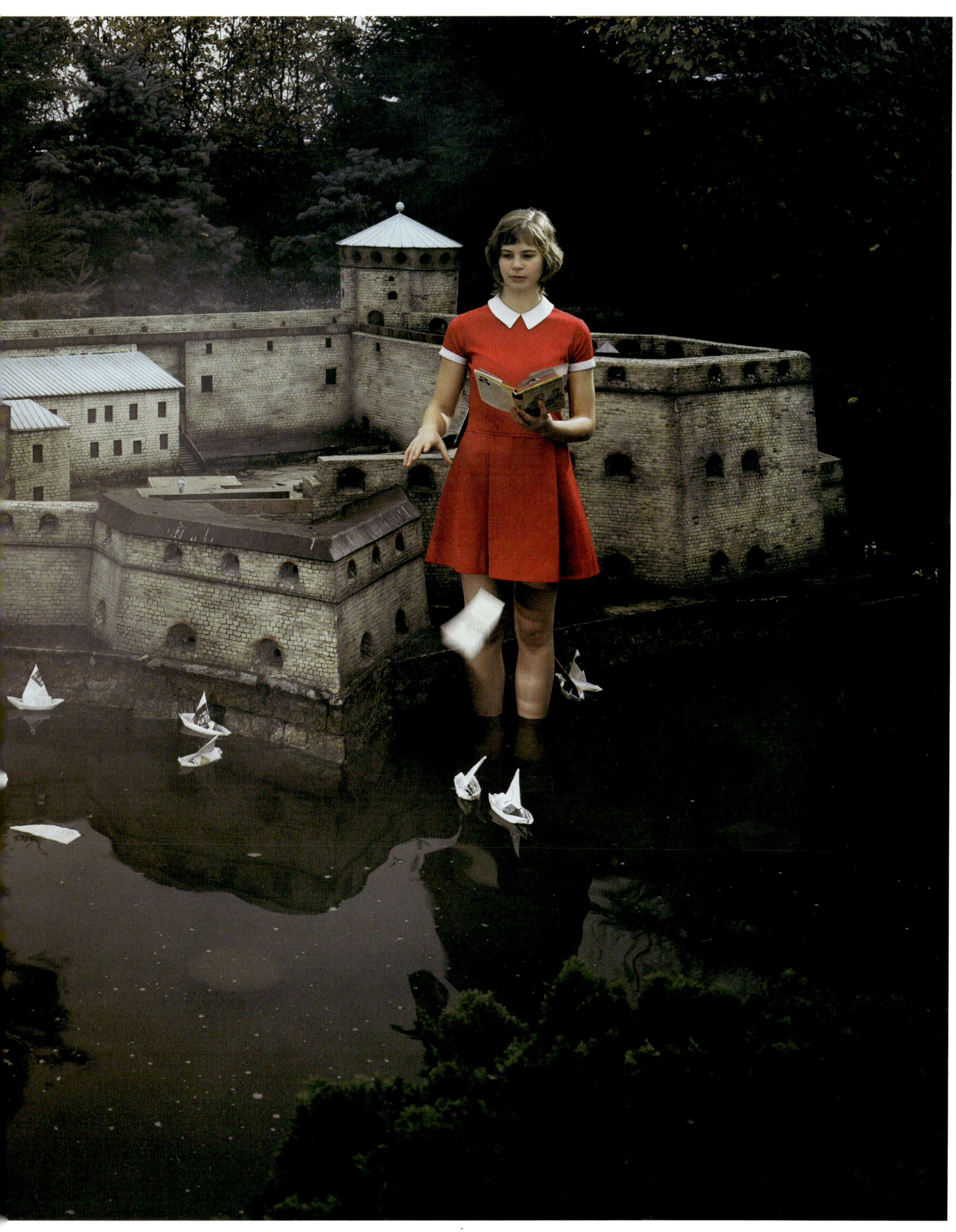

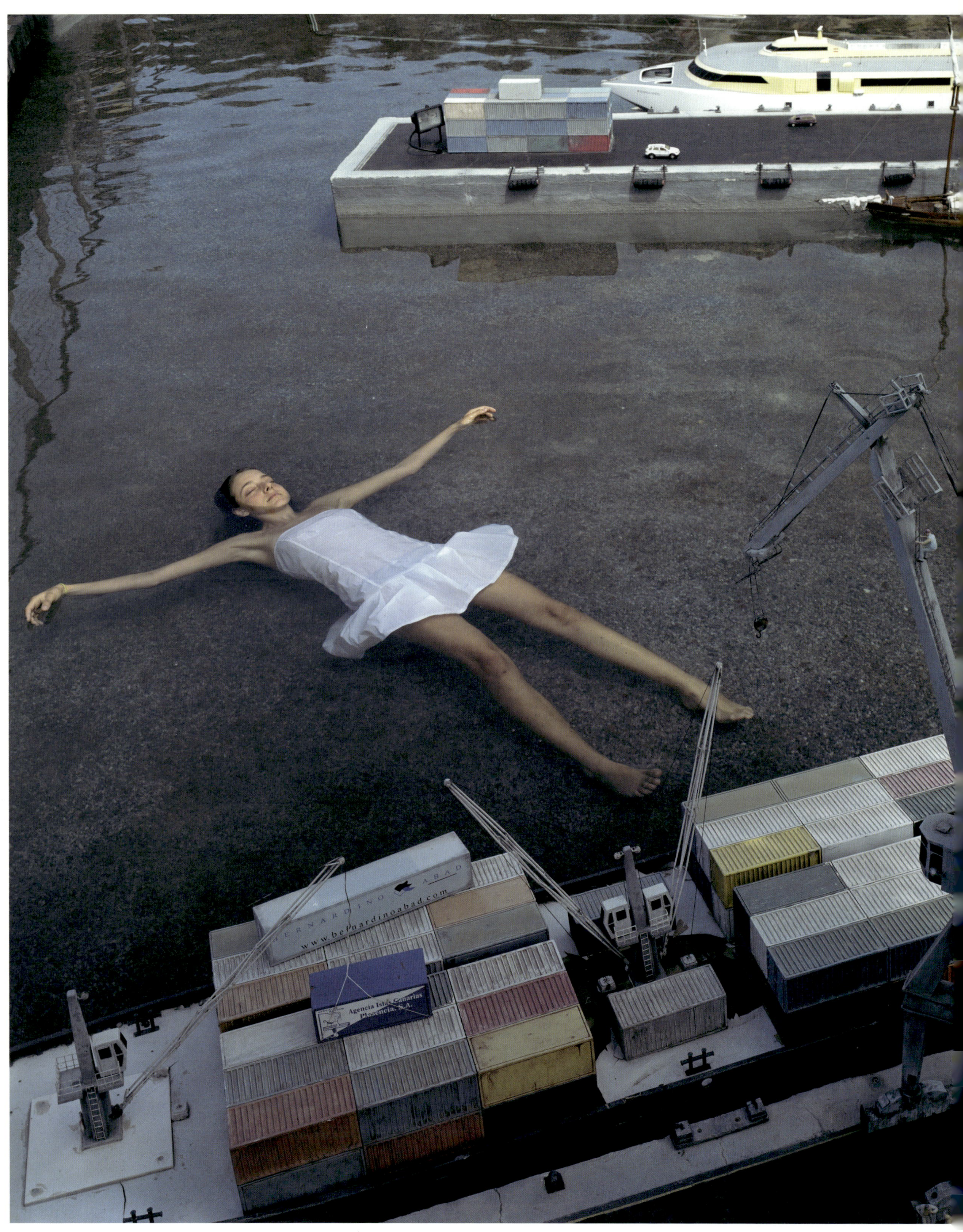
ABAD
www.bernardinoabad.com

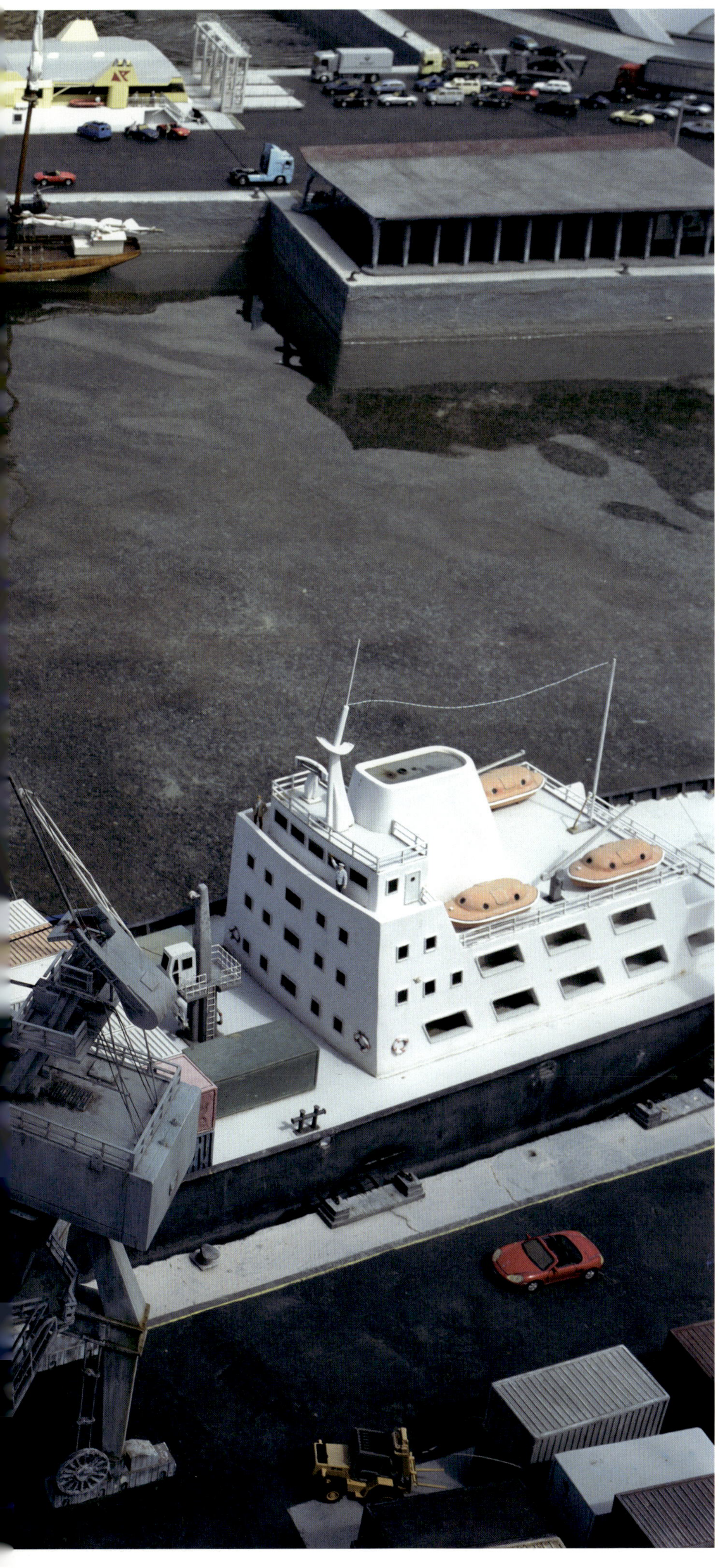

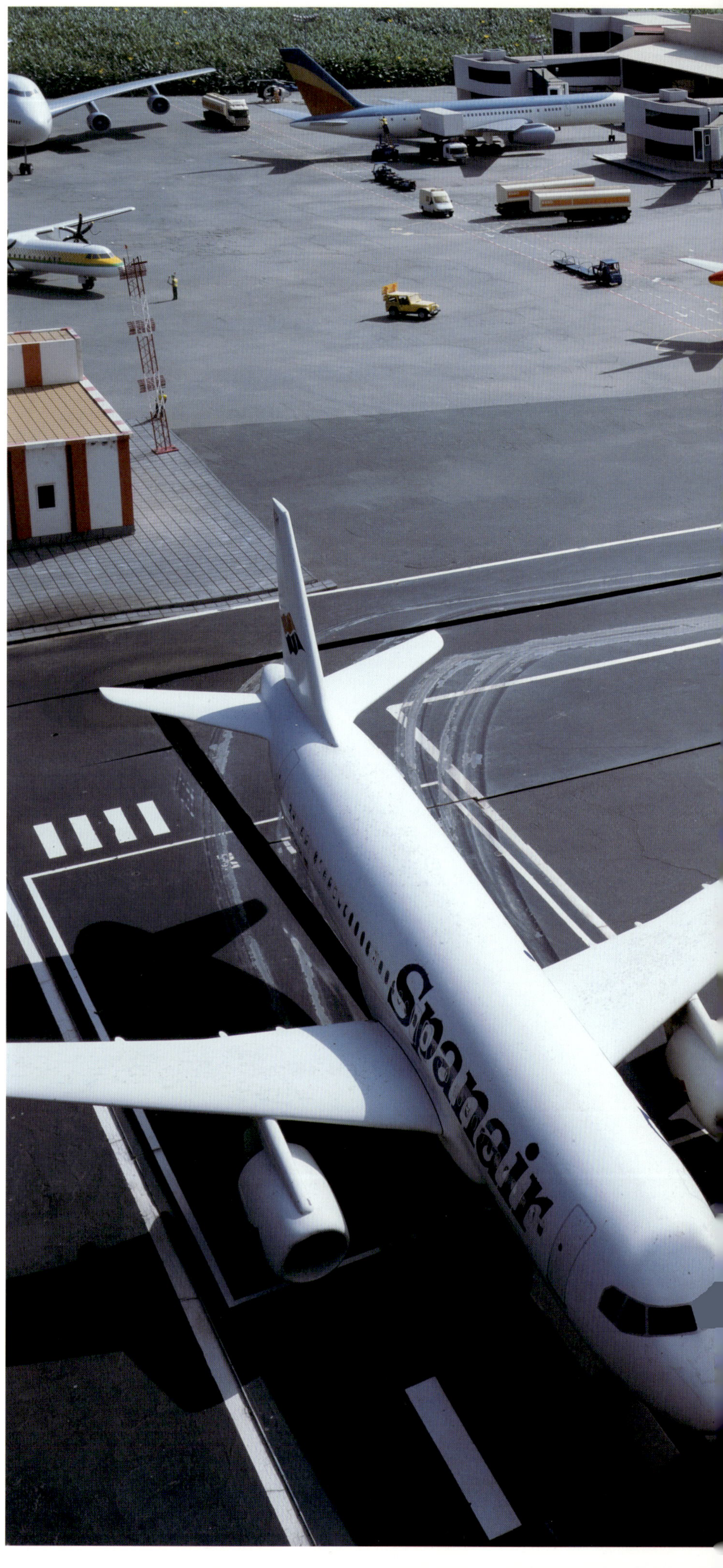
Spanair

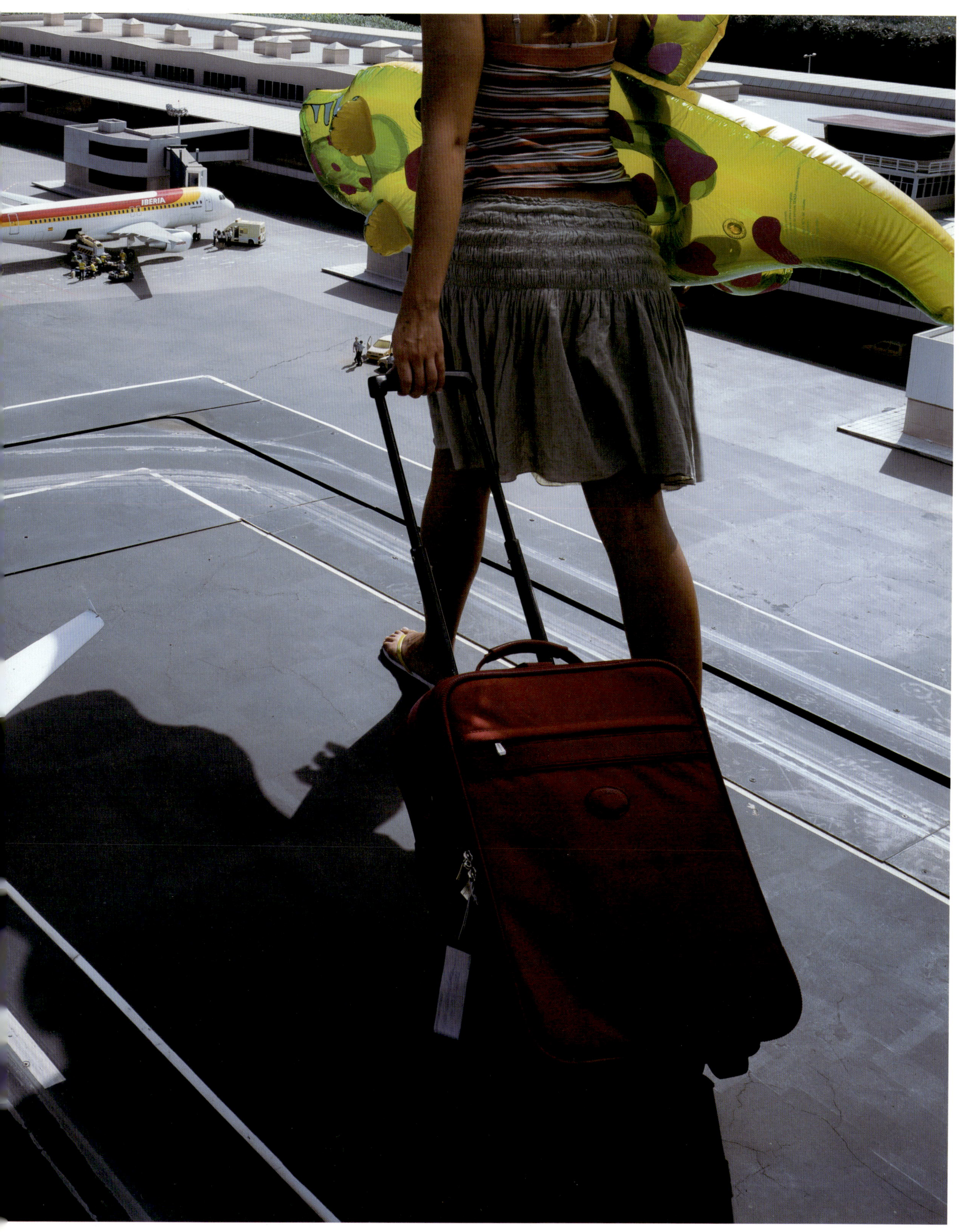
IBERIA

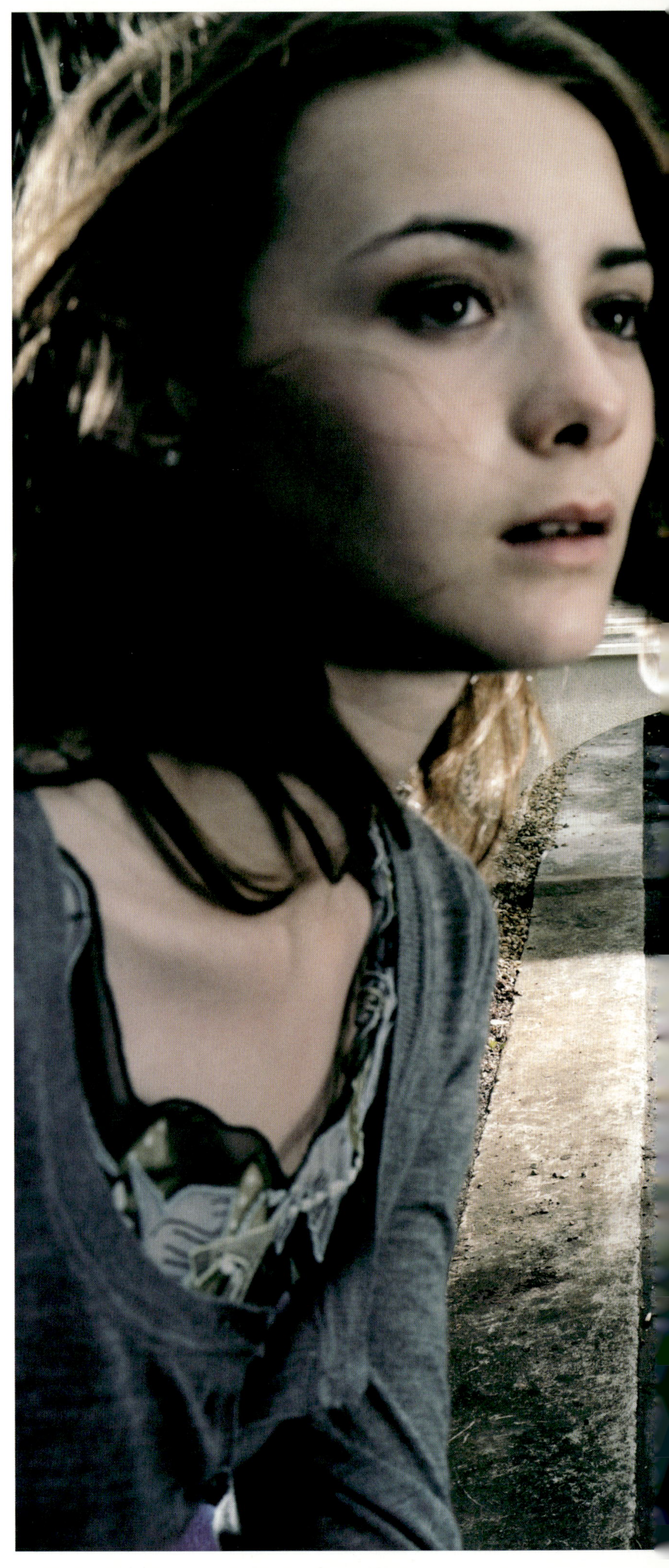

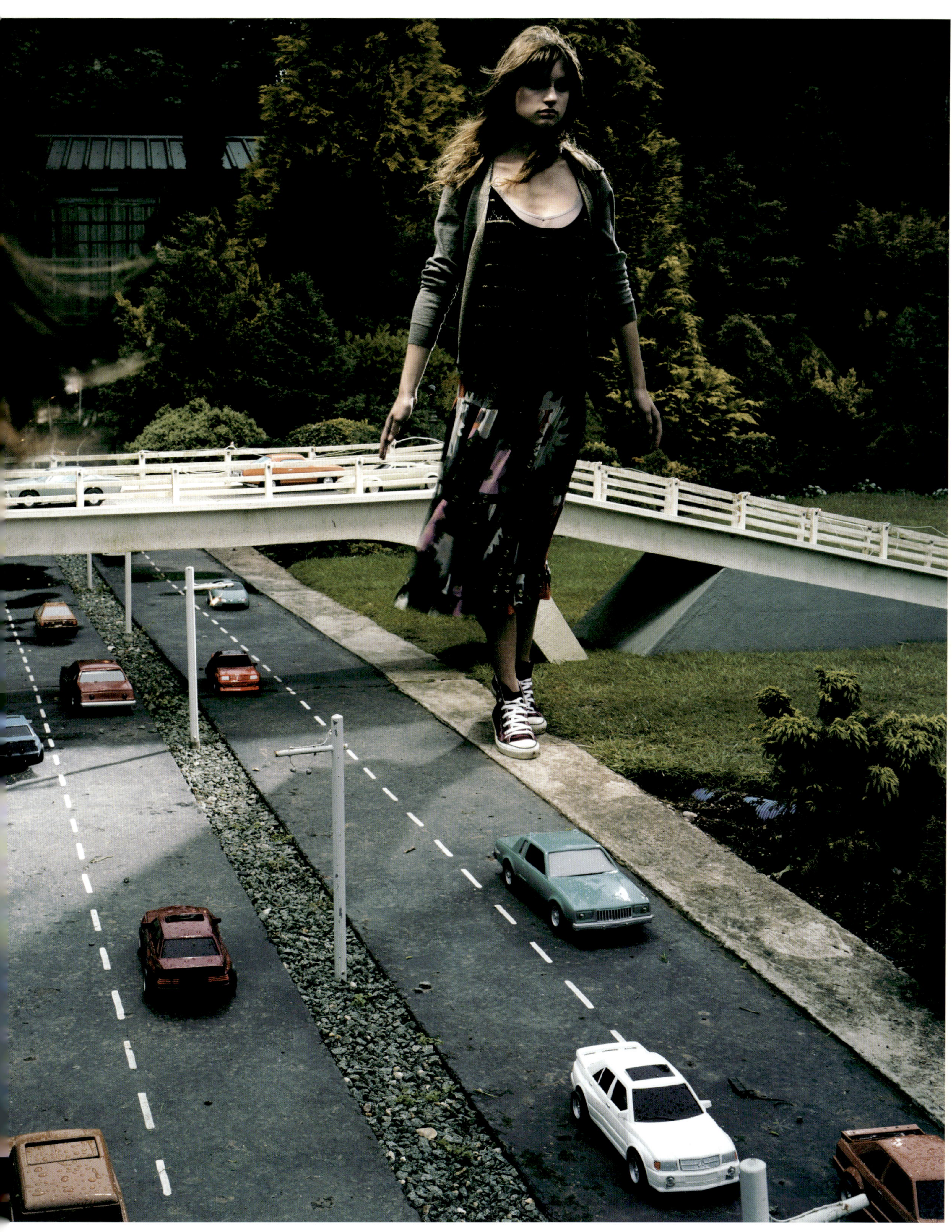

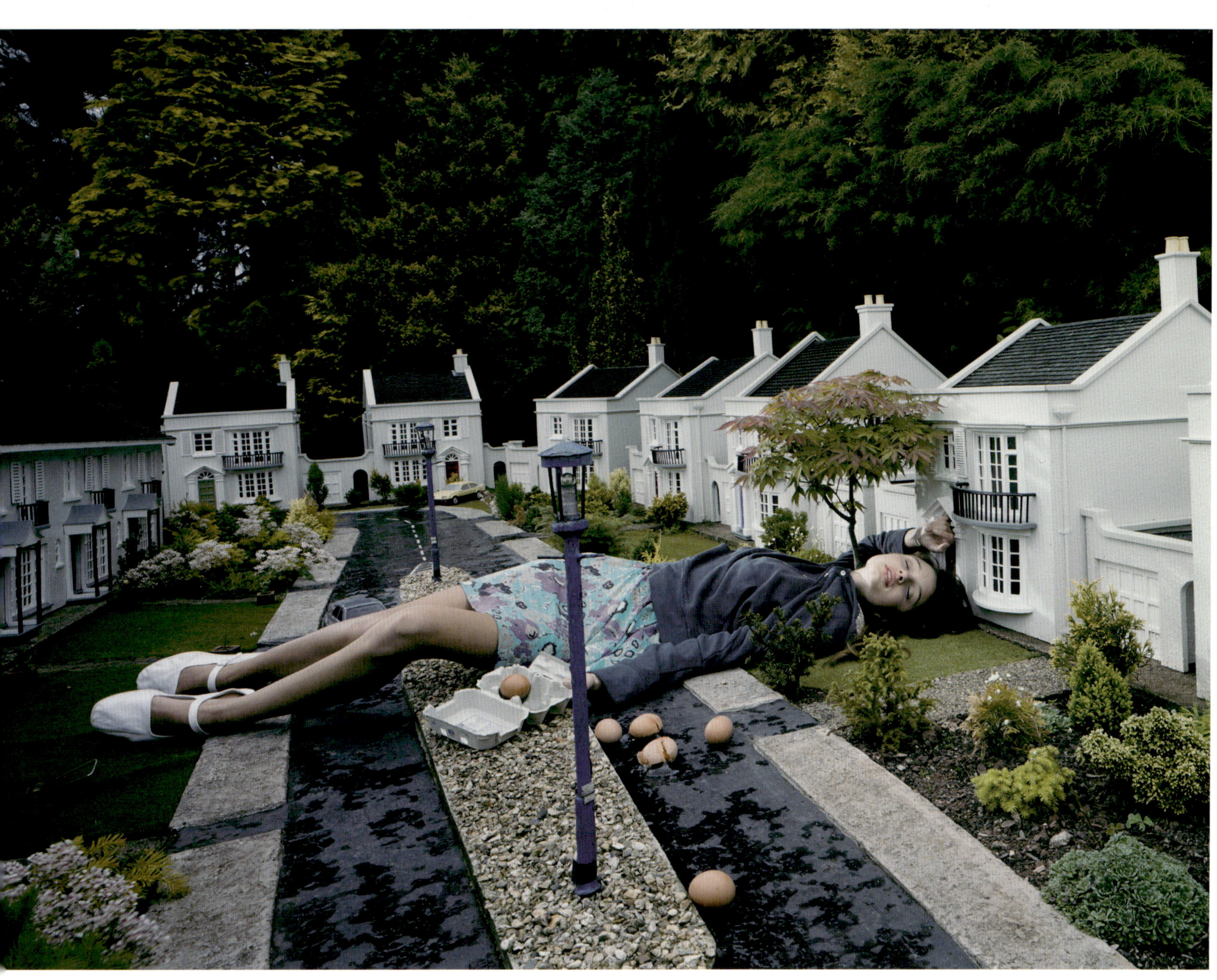

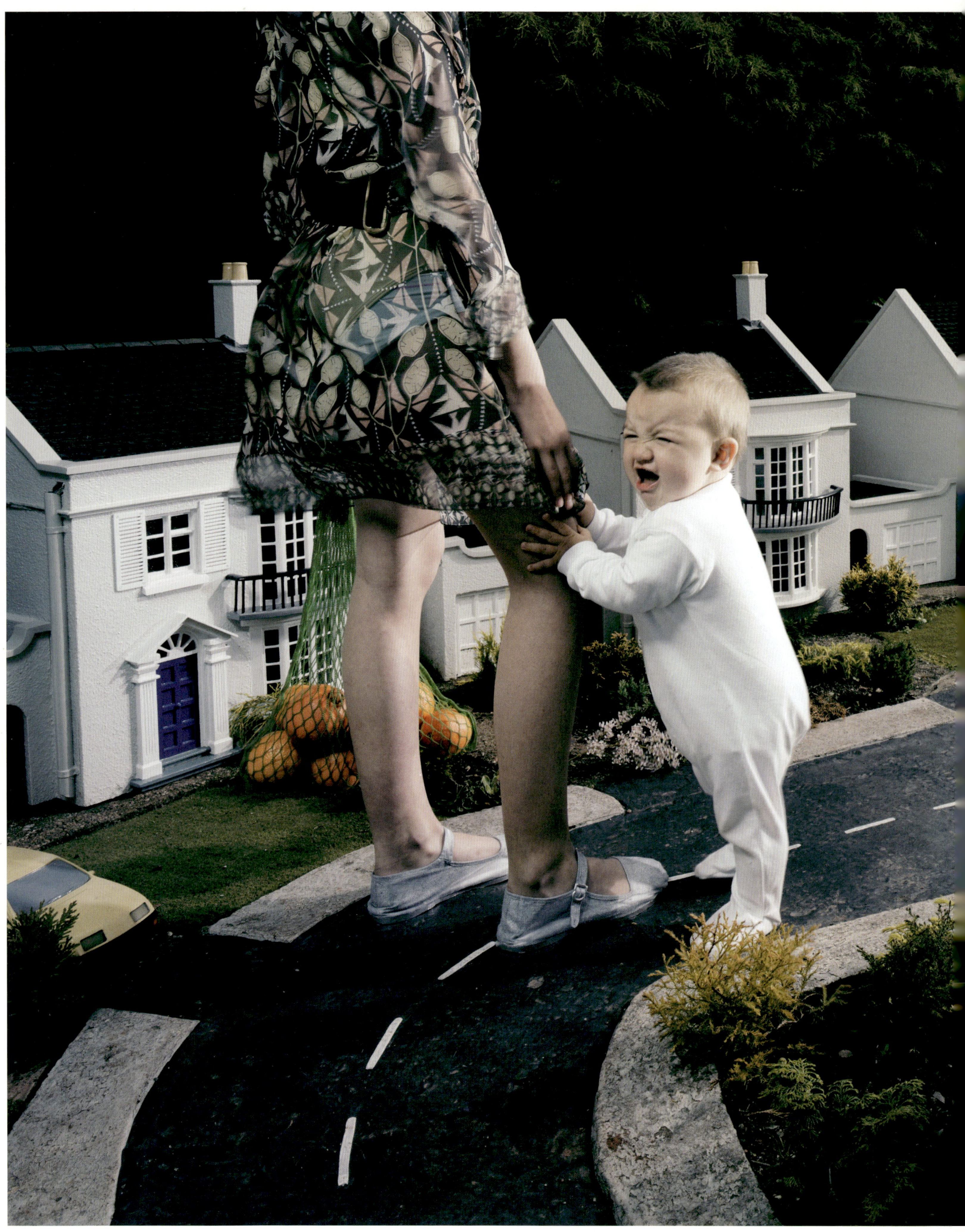

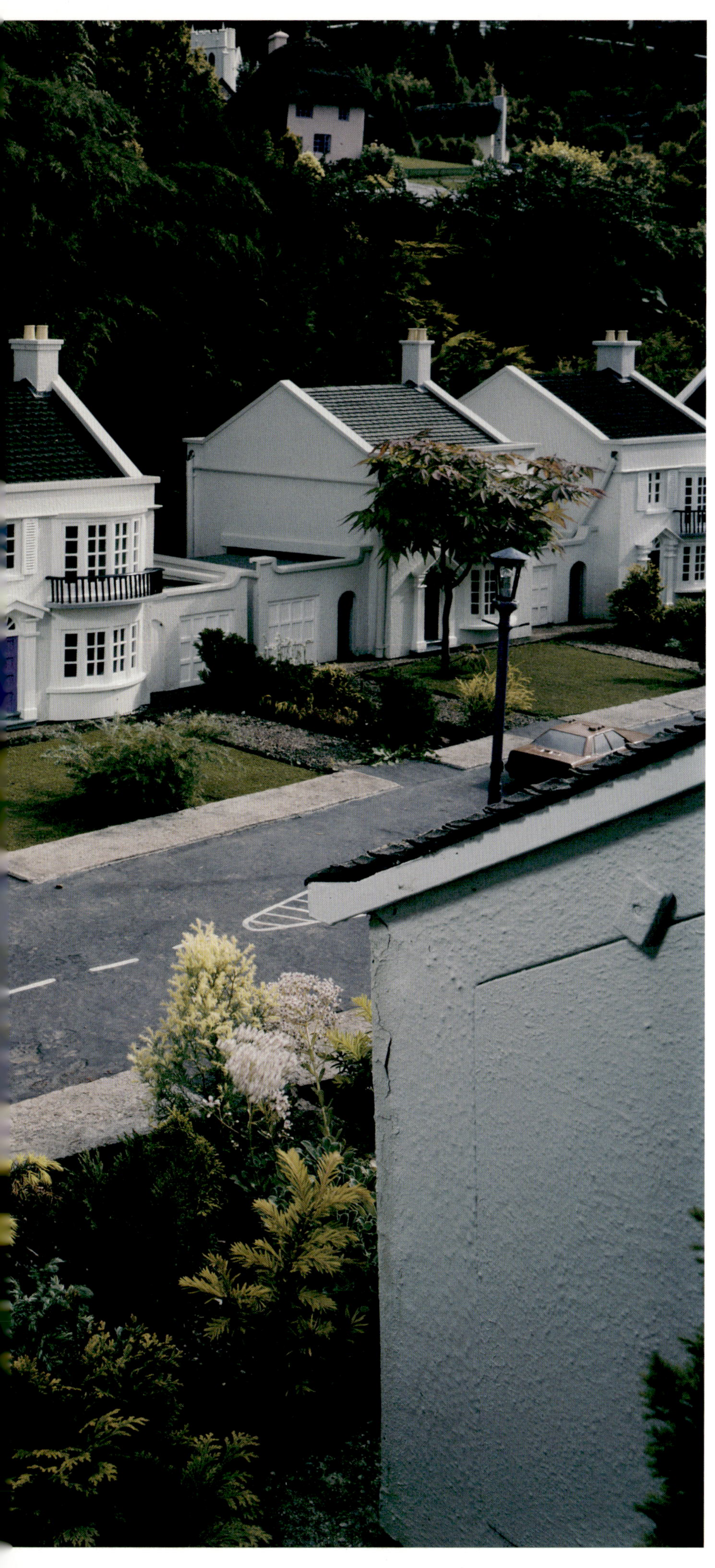

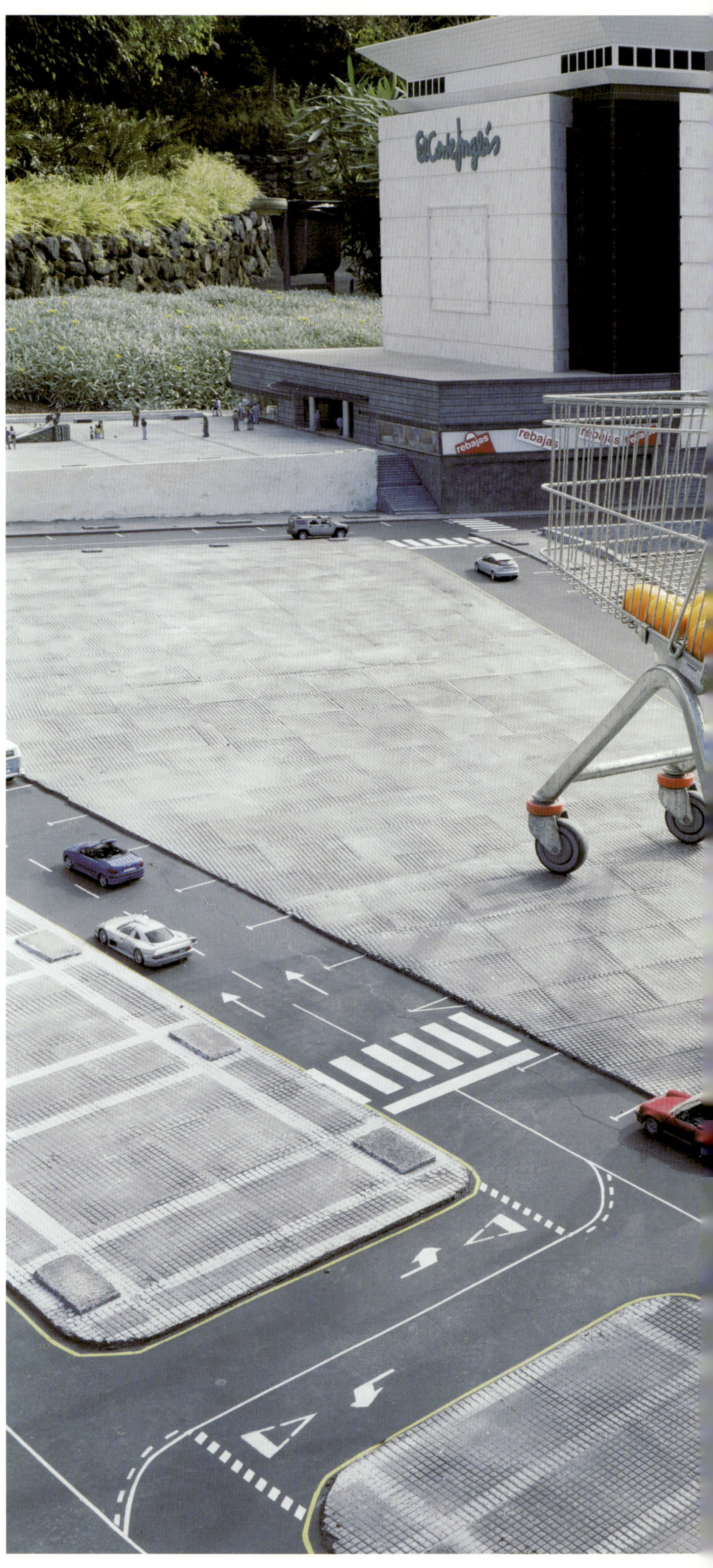
El Corte Inglés
rebajas
rebajas

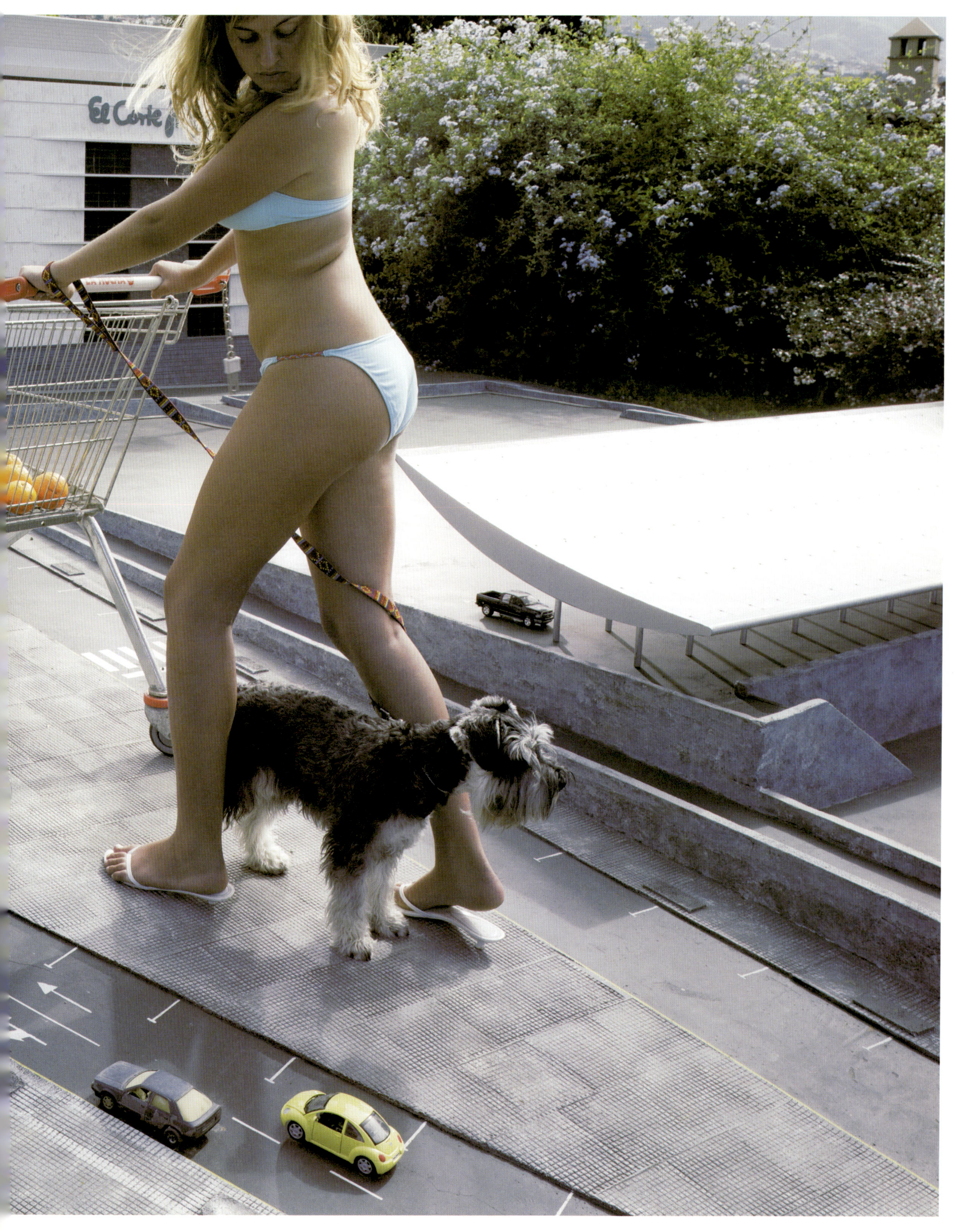
El Corte

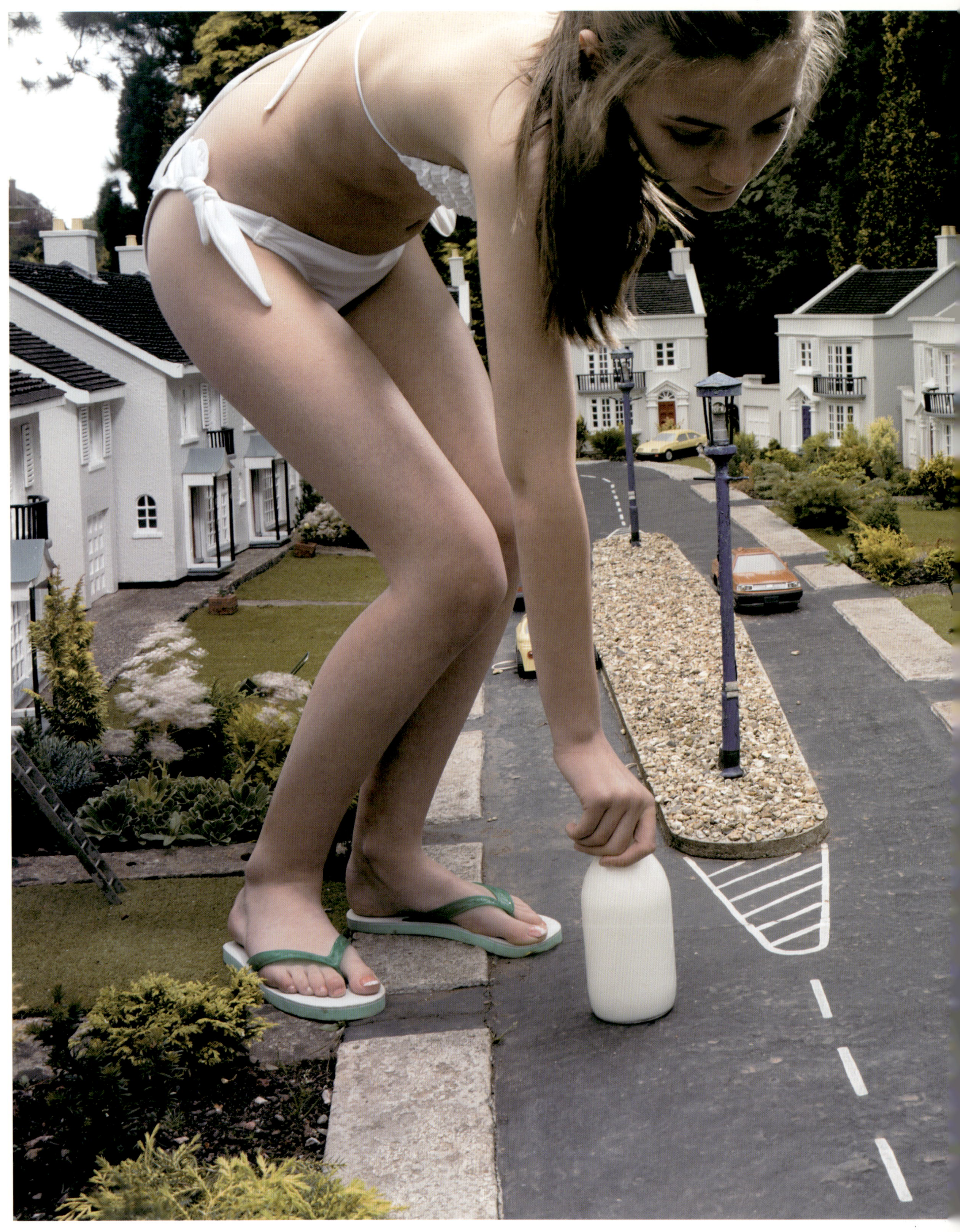

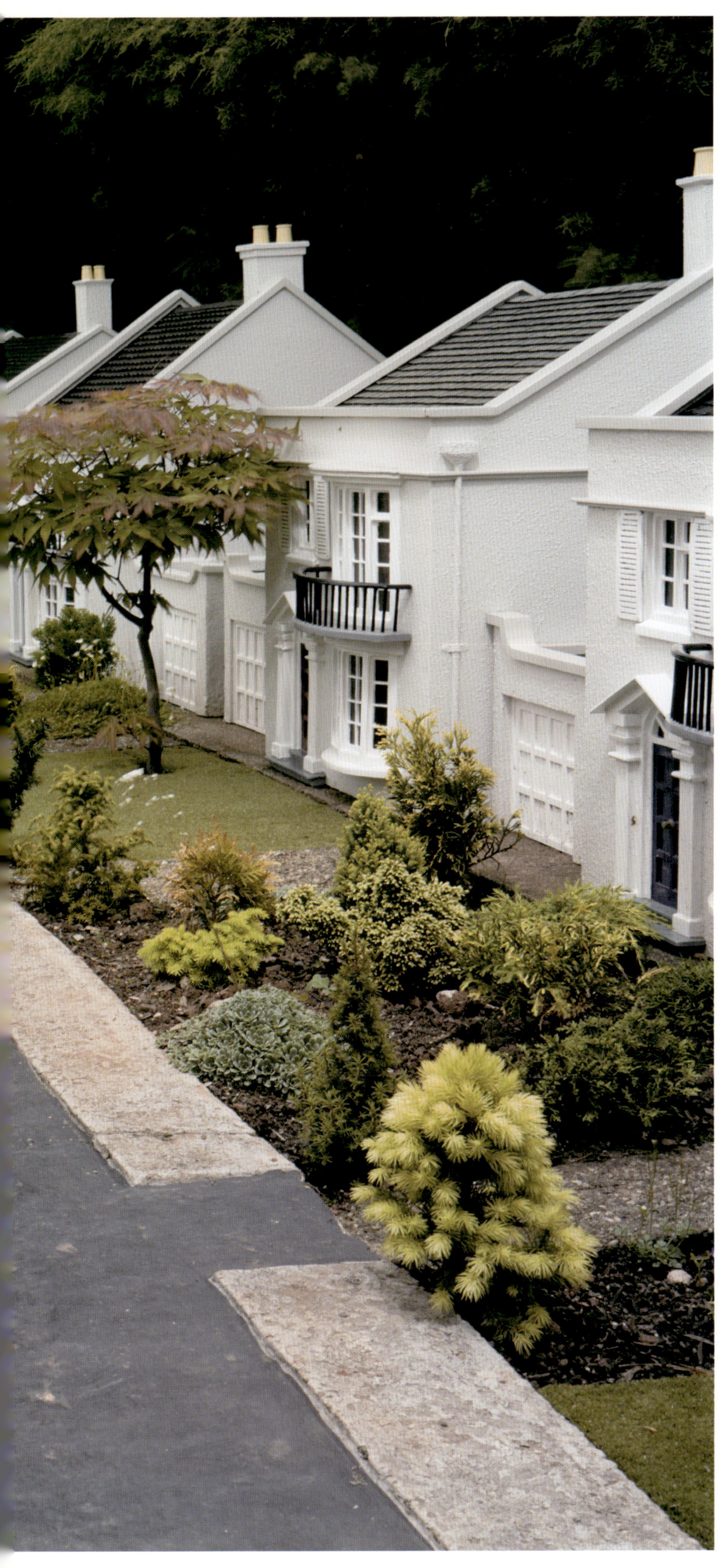

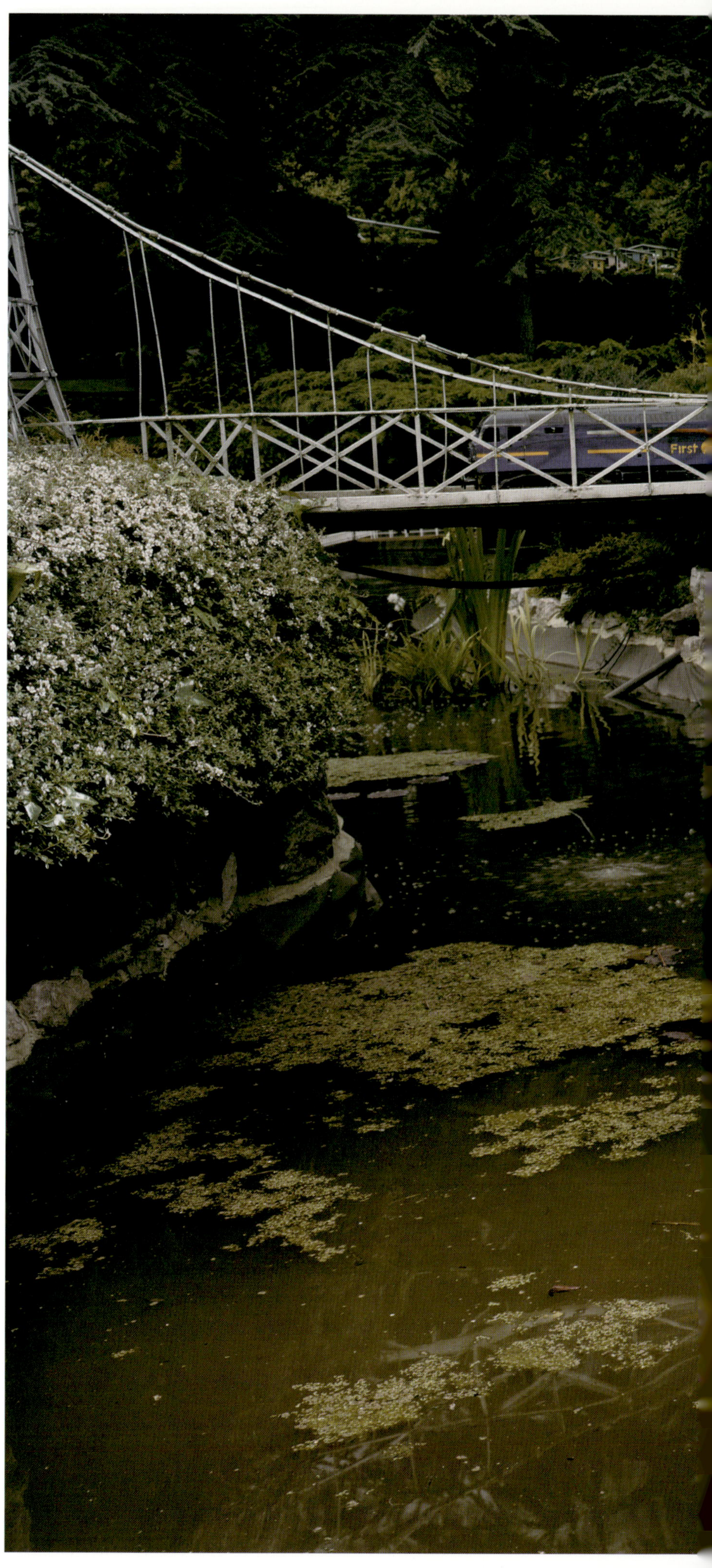
First

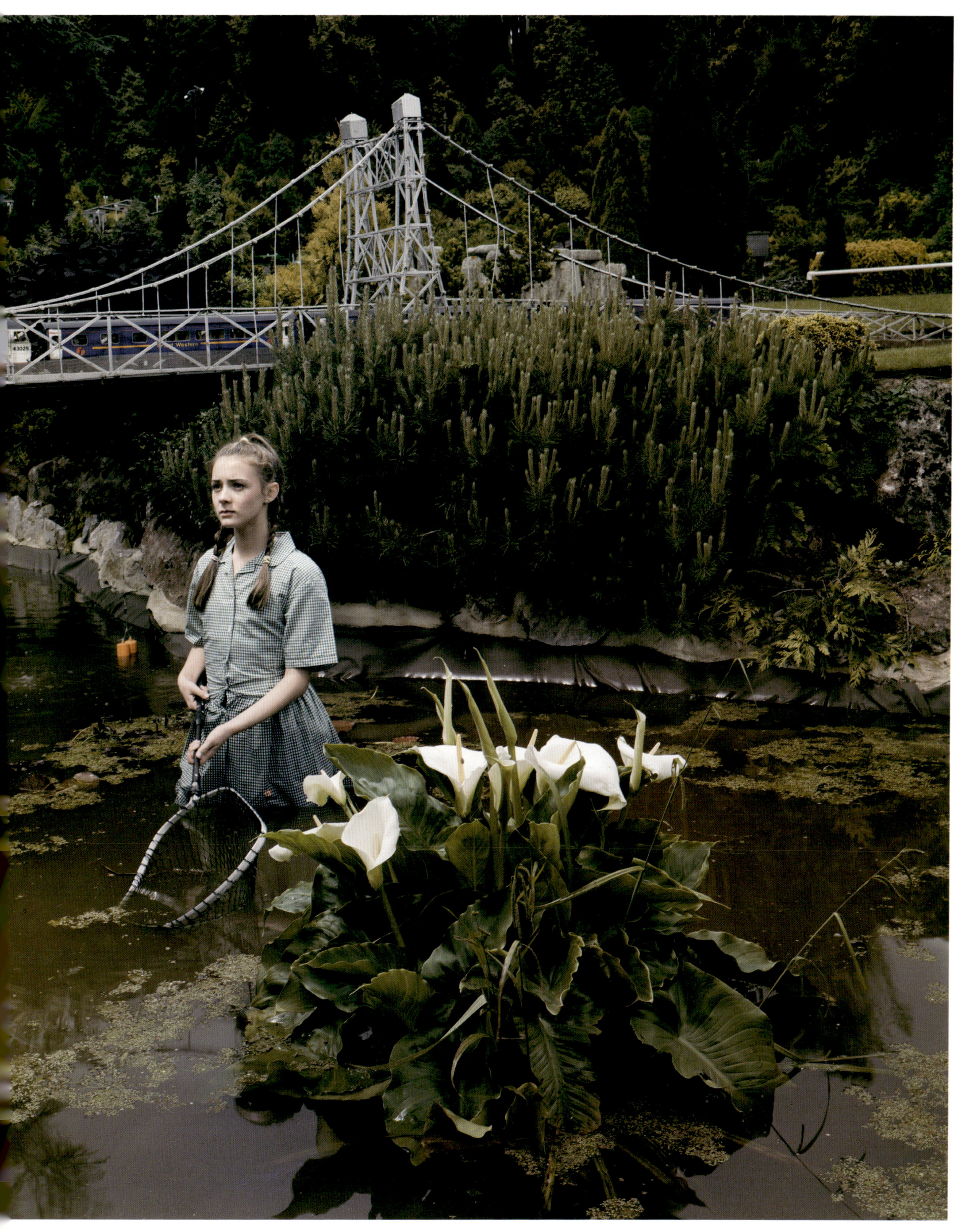
43029
Western

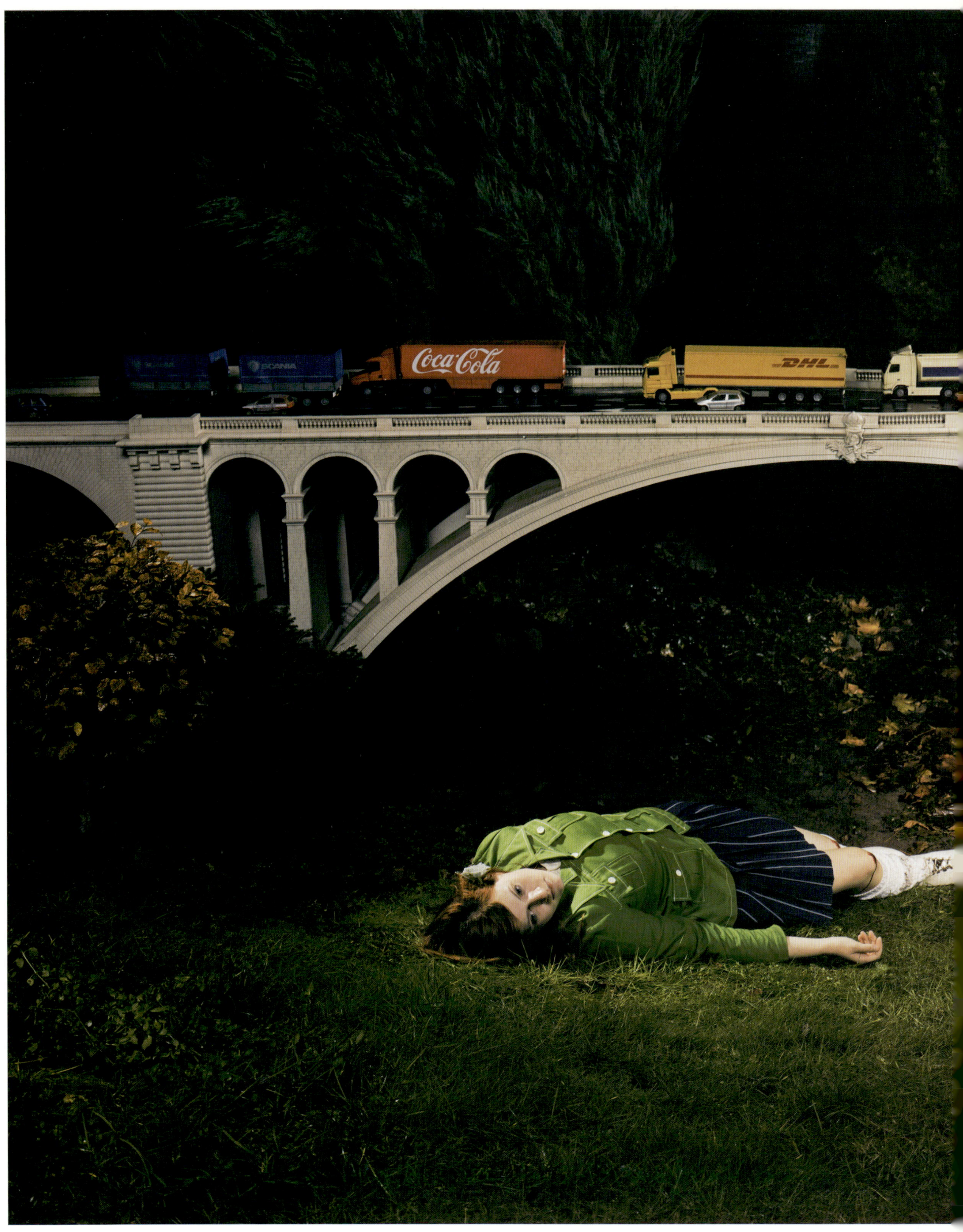
SCANIA
Coca-Cola
DHL

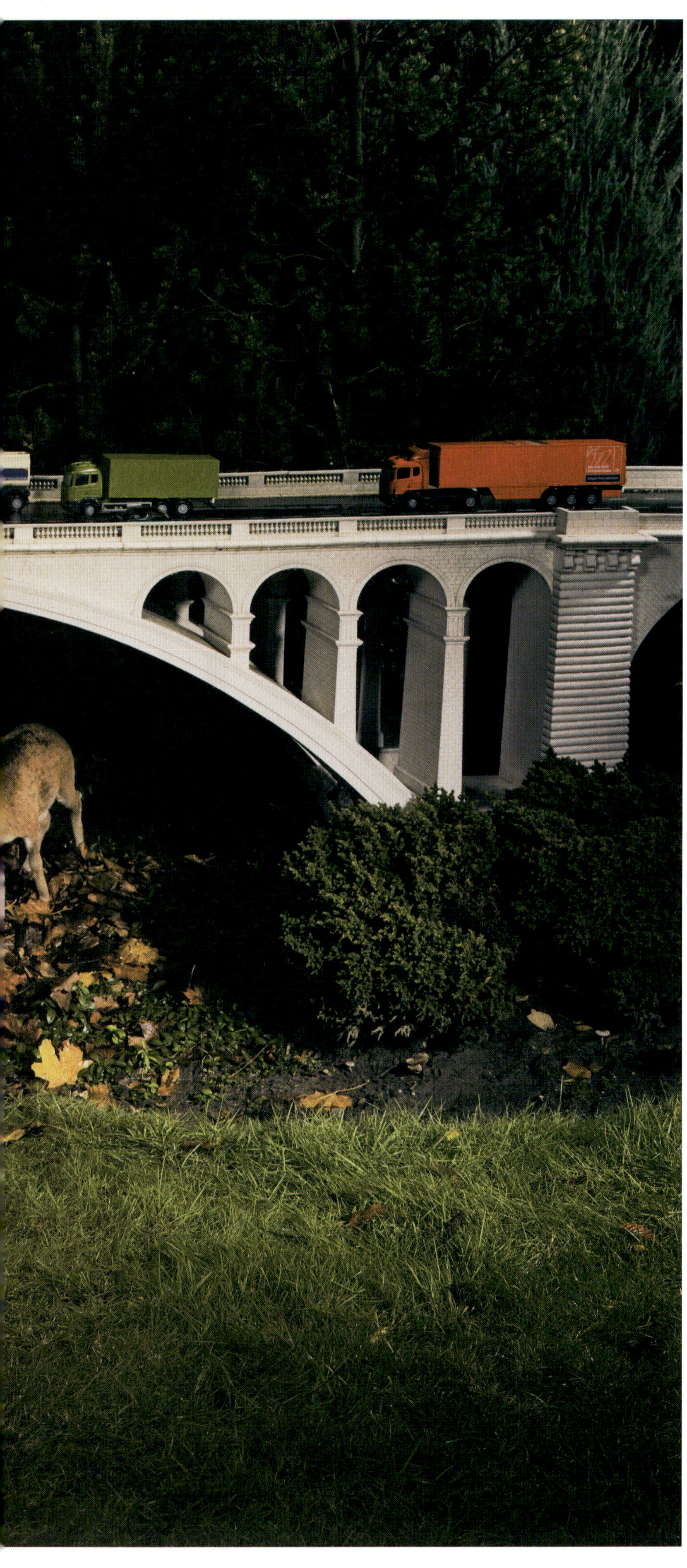

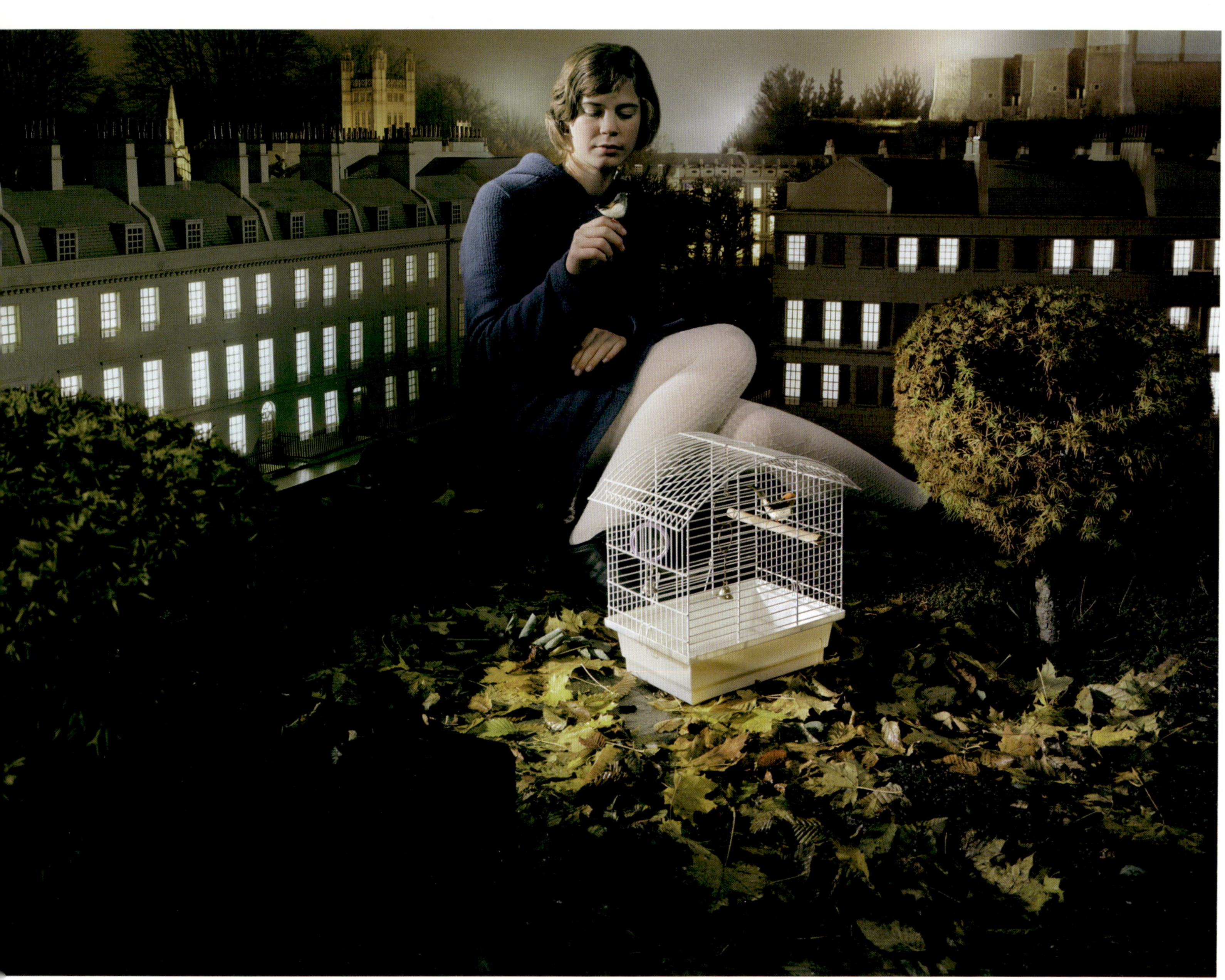

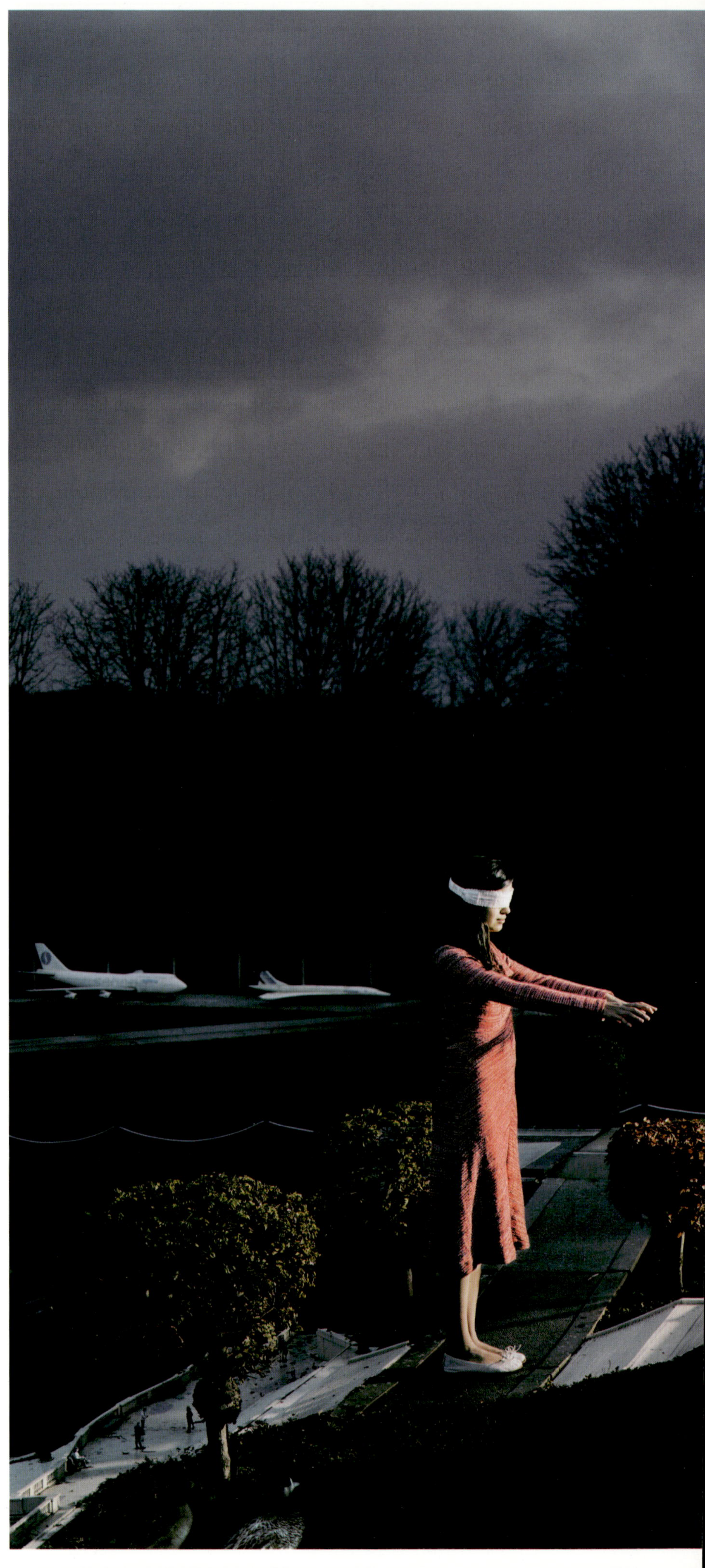

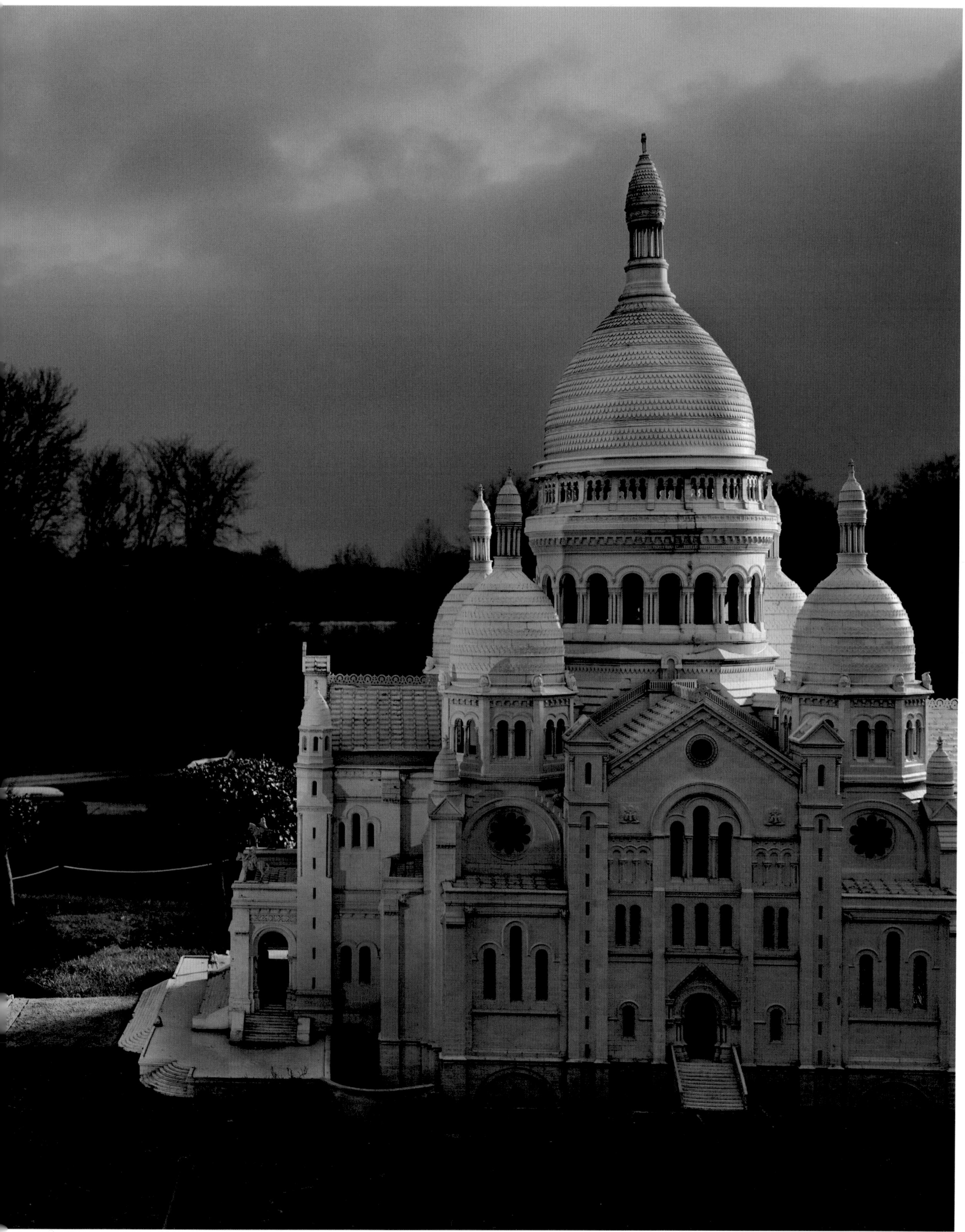

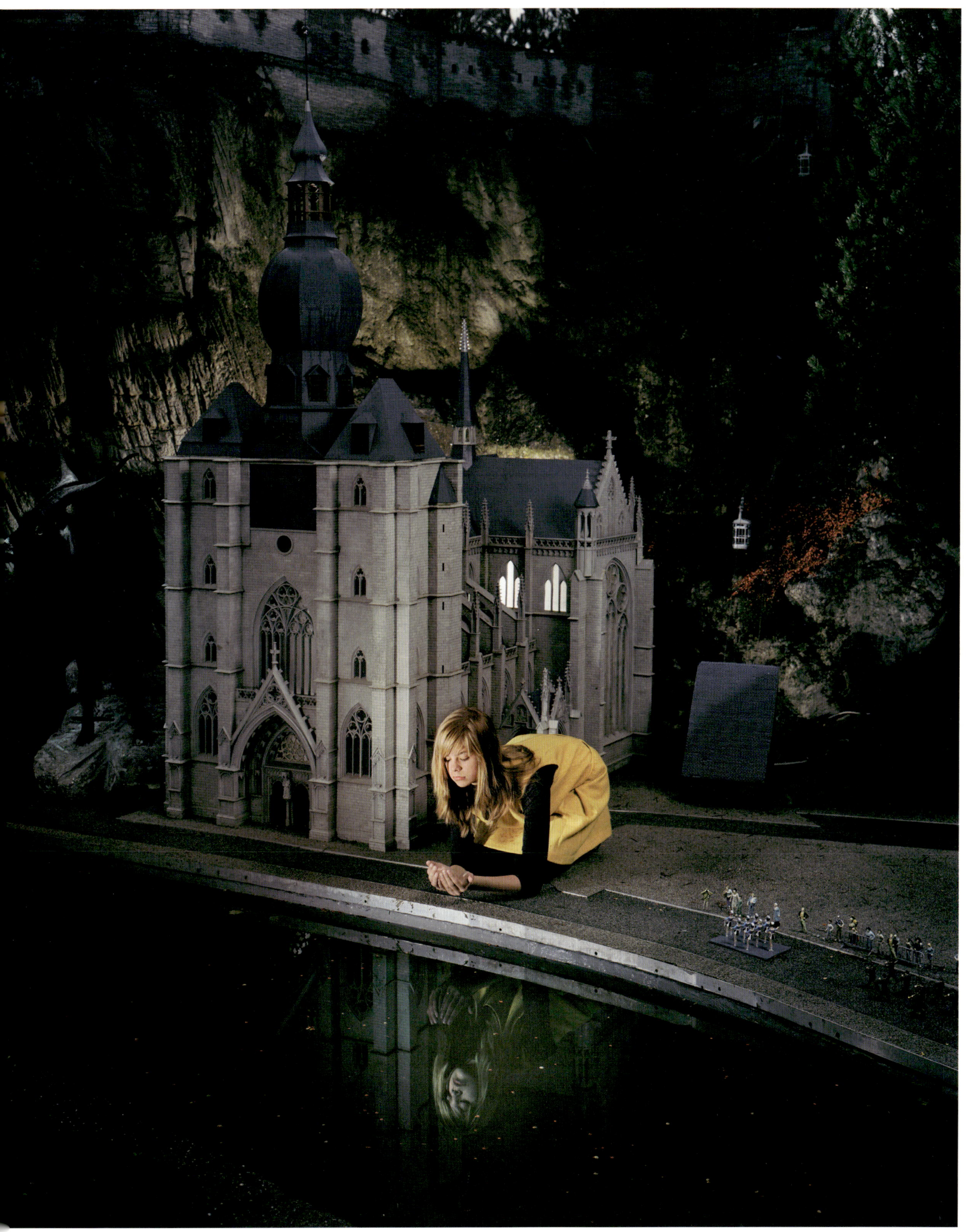

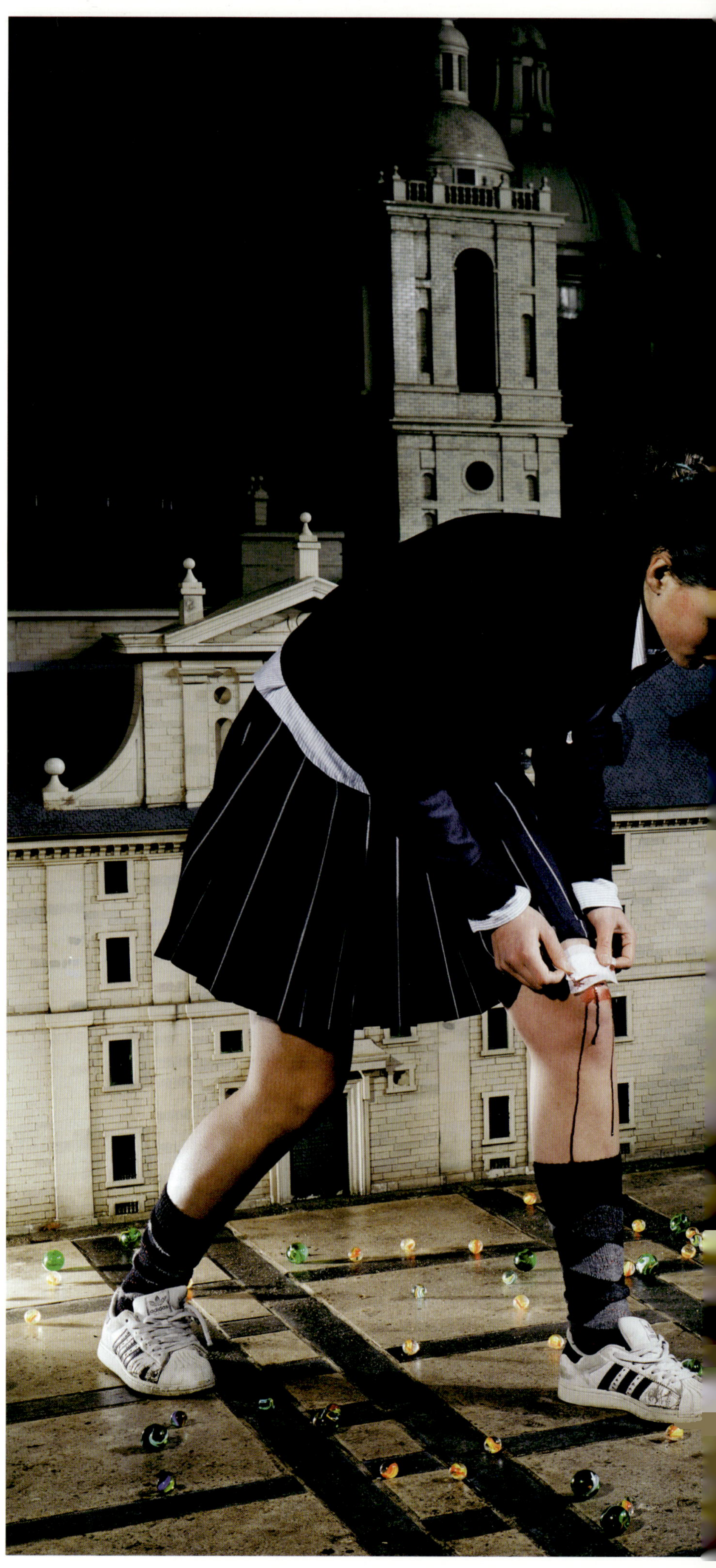

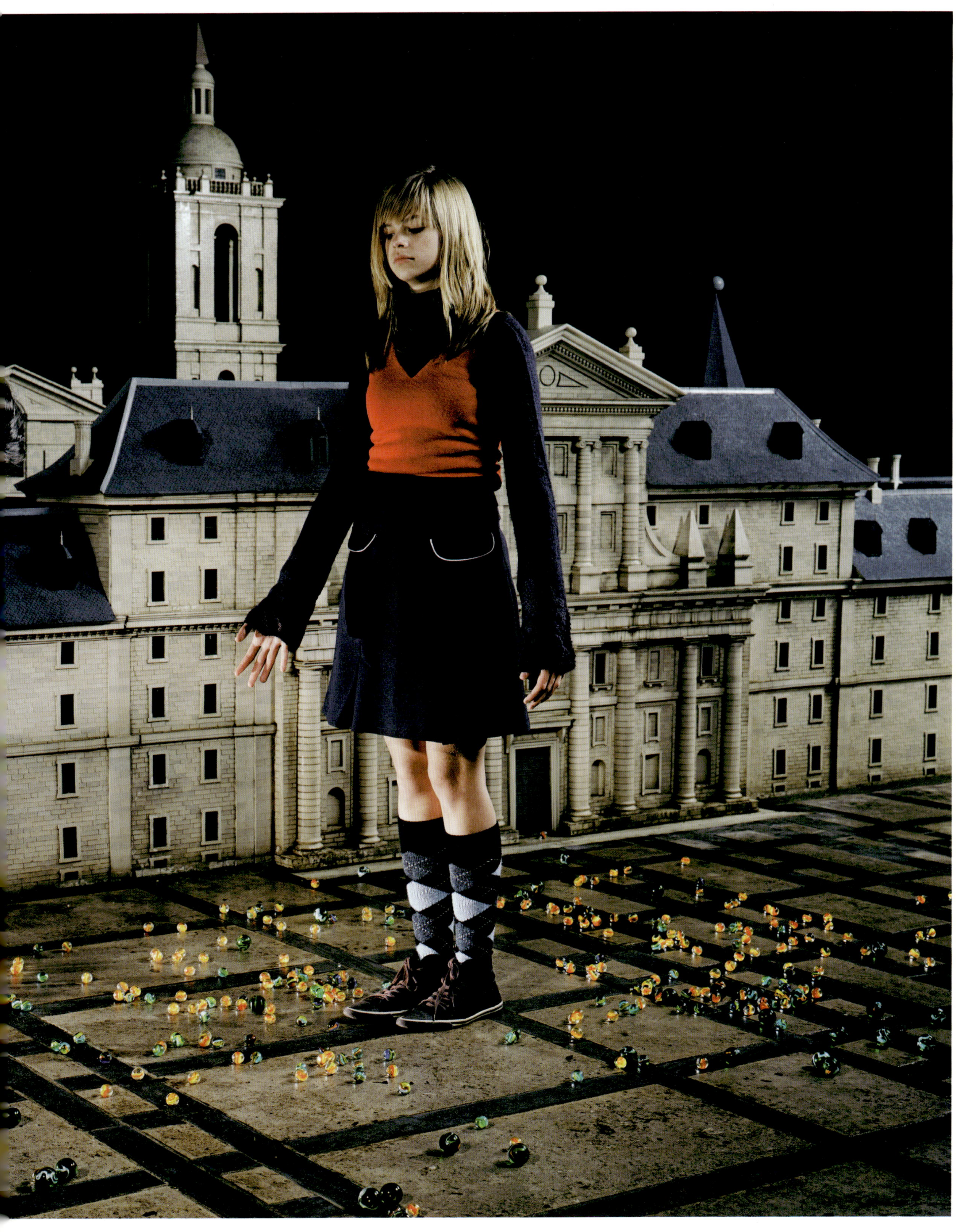

PRIDE OF DOVER

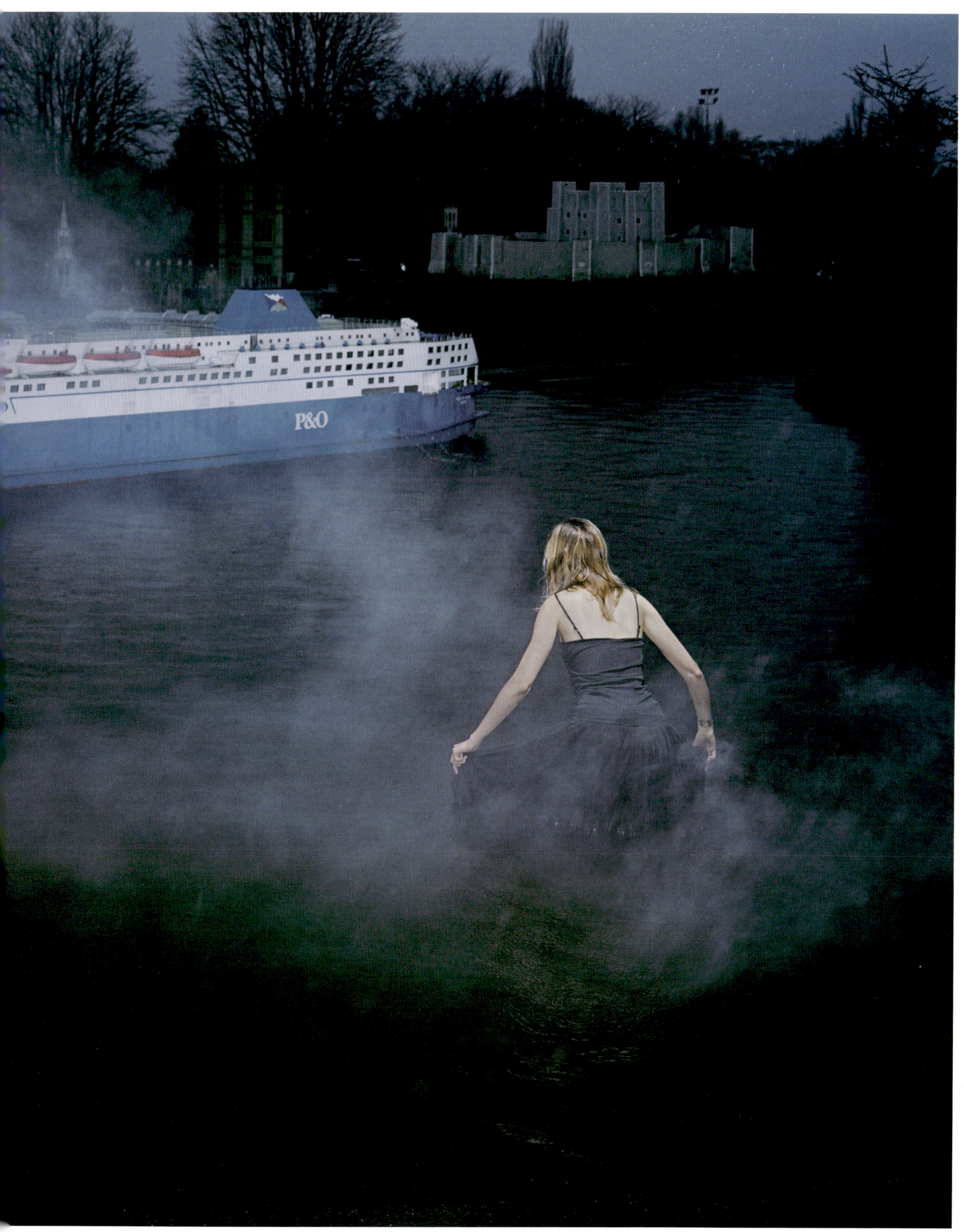
P&O

BIOGRAPHIE / *BIOGRAPHY*

Julia Fullerton-Batten a étudié la photo au Berkshire College of Art and Design et travaillé cinq ans comme assistante photographe free-lance à Londres avant de s'installer comme professionnelle en 2000. Elle a travaillé pour de nombreuses et prestigieuses agences de publicité et collaboré à plusieurs campagnes de presse.
En 2006, la National Portrait Gallery lui a commandé la réalisation des portraits de seize personnalités du secteur de la santé britannique. Ces œuvres ont ensuite été rassemblées dans l'exposition "A Picture of Health".
C'est aujourd'hui de plus en plus pour son travail personnel que Julia Fullerton-Batten reçoit les éloges de la critique. Son style très particulier, qui s'inspire des effets cinématographiques, l'utilisation de décors inhabituels et le recours à des modèles amateurs lui permettent de créer une certaine tension dans ses œuvres et d'inciter le spectateur à revenir les voir sans cesse, pour y découvrir chaque fois une nouvelle signification.
Julia Fullerton-Batten est née à Brême, en Allemagne. Elle a grandi en Allemagne et aux Etats-Unis avant d'arriver en Angleterre à l'âge de seize ans. Elle vit désormais à Londres.

Julia Fullerton-Batten studied photography at the Berkshire College of Art and Design and spent five years working in London as a freelance photographic assistant before becoming a professional photographer in 2000. She has shot many campaigns for high profile advertising agencies, as well as editorial commissions.
*In 2006, the National Portrait Gallery commissioned Julia to photograph sixteen leading members of the health sector in the UK. This major body of work was exhibited at the Gallery as '*A Picture of Health*'.*
However, it is increasingly for her personal work that Julia Fullerton-Batten has gained widespread critical acclaim. Her distinctive style of photography, using cinematic lighting effects, unusual settings and amateur models enables her to insinuate visual tensions in her images, that tease the viewer to re-examine the picture repeatedly, each time finding a deeper meaning in its content.
Julia was born in Bremen, Germany. She spent her childhood in Germany and the United States, before moving to the UK when she was 16. She now lives in London.

LIVRES PARUS DANS LA MÊME COLLECTION / *PREVIOUSLY PUBLISHED IN THE SAME COLLECTION*

2006

Clark et Pougnaud

Marina Gadonneix, *Paysages sur commande*

2005

Eric Baudelaire, *Etats imaginés*

Birgitta Lund, *In transit*

2004

Malala Andrialavidrazana, *D'outre-monde*

Patrick Taberna, *Au fil des jours*

2003

Mathieu Bernard-Reymond, *Vous êtes ici*

Laurence Leblanc, *Rithy, Chéa, Kim Sour et les autres*

2002

Laurence Demaison

Rip Hopkins, *Tadjikistan tissages / Tajikistan weaving*

2001

Franck Christen

Jo Lansley & Helen Bendon

2000

Valérie Belin

Carole Fékété

1999

Catherine Gfeller, *Urban rituals*

Yoshiko Murakami, *Les Mains pour voir*

1998

Milomir Kovacevic, *La Part de l'ombre*

Seton Smith, *Without warning*

1997

Jean-François Campos, *Après la pluie...*

Bertrand Desprez, *Pour quelques étoiles...*

1996

Eric Prinvault, *C'est où la maison ?*

Henry Ray †, *Amazonia*

LES CONSEILLERS ARTISTIQUES / *THE ARTISTIC ADVISERS*

2007

Alain Sayag

Conservateur, responsable de 1981 à 2006 du cabinet de la photographie du musée national d'Art moderne Centre Pompidou / *Curator, head of the Cabinet de la Photographie (Photography section) of the musée national d'Art moderne Centre Pompidou from 1981 to 2006*

2006

Gilles Mora

Directeur de la collection "L'œuvre photographique" aux Editions du Seuil / *Director of the "L'œuvre photographique" collection at Les Editions du Seuil*

2005

Oliva Maria Rubio

Directrice du département des expositions de La Fàbrica (Madrid) / *Director of the exhibitions department at La Fabrica (Madrid)*

2004

Carol Brown †

Directrice d'Art Gallery au Barbican Center (Londres) / *Head of the Barbican Centre Art Gallery (London)*

2003

Giovanna Calvenzi

Directrice de la photographie pour *Sportweek / Director of photography for* Sportweek

2002

Robert Delpire

Directeur de la collection Photo Poche et éditeur / *Director of the Photo Poche collection and publisher*

2001

Alain D'Hooghe

Chroniqueur photo, commissaire d'exposition, professeur d'histoire de la photographie / *Photo reporter, exhibition commissaire, history of photography's teacher*

2000

Jacqueline d'Amecourt

Conservateur de la collection du Groupe Lhoist / *Curator of the Lhoist group collection*

1999

Alain Mingam

Ex-rédacteur en chef photo chez Sygma, Gamma et du *Figaro Magazine / Former photo director for Sygma, Gamma and* Le Figaro Magazine

1998

Jérôme Sans

Critique d'art et commissaire d'exposition / *Art critic and exhibition commissaire*

1997

François Hébel

Directeur des Rencontres d'Arles / *Director of the Rencontres d'Arles*

1996

Christian Caujolle

Journaliste, écrivain, fondateur de l'agence et de la galerie VU / Journalist, writer, *creator of VU agency and VU gallery*

REMERCIEMENTS / *ACKNOWLEDGEMENTS*

Teenage Stories n'aurait pu voir le jour sans le soutien et la participation de nombreuses personnes. Je souhaite tout d'abord remercier toutes mes jeunes modèles pour leur enthousiasme et leur coopération, et tout particulièrement Laura Howes, avec laquelle ce fut un grand plaisir de travailler. Je remercie ensuite mes assistants John Wilson, Bjarte Rettedal, Arthur Woodcroft, Helena Karlsson, Conor Masterson et Liam Norris, ainsi que la styliste Maria Serra. Je souhaite également remercier particulièrement John, dont le calme et le professionnalisme m'ont beaucoup aidée pendant les séances de photos. Je remercie aussi Julia Griffiths, Laura Machado et Emilie Vercruysse, directrices des campagnes respectivement en Grande-Bretagne, en Espagne et en Belgique, Simon Wills, Dolores de Azero Tabares et Kristof Van Vaerenbergh, qui m'ont permis de réaliser mes photos dans ces pays. Merci également à Paul Foster, qui m'a donné l'idée de nombreuses photos, à Elena Foster et à Antonio Sanz de *C-Photo Magazine* pour le financement des photos en Belgique. Un grand merci à mon agent Eric Franck pour sa confiance en mon travail, ses conseils et l'organisation des expositions, qui me sont d'une aide précieuse. Enfin, je remercie profondément mon mari, Kelvin, pour son amour et son soutien permanent.

Teenage Stories *would not have been possible without the support and teamwork of many people. First of all, I would like to thank all of my young models for their enthusiasm and cooperation, and especially Laura Howes, with whom it was an especial joy to work. Next for my appreciation are my assistants John Wilson, Bjarte Rettedal, Arthur Woodcroft, Helena Karlsson, Conor Masterson and Liam Norris; also Maria Serra, stylist. I would especially like to thank John, whose calm and professional help was invaluable during all of the shoots. I would also like to thank Julia Griffiths, Laura Machado and Emilie Vercruysse, producers for the campaigns in the UK, Spain and Belgium, respectively; also Simon Wills, Dolores de Azero Tabares and Kristof Van Vaerenbergh, who gave me permission to shoot in these locations. Another thank-you to Paul Foster, who provided inspiration for a number of shoots. I would also like to thank Elena Foster and Antonio Sanz of* C-Photo Magazine *for sponsoring the shoot in Belgium. An especial thank-you goes to Eric Franck, my fine-art agent, whose belief in me and my art, his counselling and exhibiting of my work at major exhibitions has been of immeasurable help. Finally, a special thank-you to my husband Kelvin, whose love and support has accompanied me at all times.*

Reproduit et achevé d'imprimer
par l'imprimerie Le Govic à Nantes
pour le compte des éditions Actes Sud
Le Méjan, place Nina-Berberova,
13200 Arles

Photogravure : Terre Neuve

Dépôt légal : juin 2007